GREAT IDEAS

De la vida feliz

Lucio Anneo Séneca
4 a. C.-65 d. C.

Séneca

De la vida feliz

TRADUCCIÓN DE LORENZO RIBER

GREAT IDEAS

taurus

Papel certificado por el Forest Stewardship Council®

Primera edición: junio de 2024

Travessera de Gràcia, 47-49. 08021 Barcelona

Esta obra pertenece a la serie Great Ideas, publicada originalmente
en inglés en Gran Bretaña por Penguin Books Ltd.

Printed in Spain – Impreso en España

ISBN: 978-84-306-2666-3
Depósito legal: B-7.089-2024

Compuesto en Comptex & Ass., S. L.

Impreso en Liberdúplex
Sant Llorenç d'Hortons (Barcelona)

TA 2 6 6 6 3

Índice

De la vida feliz

I

Todos los hombres, Galión hermano, quieren felizmente vivir, pero para barruntar qué sea lo que hace bienaventurada la vida andan a ciegas. De tal manera no es cosa fácil conseguir una vida bienaventurada que cuanto con mayor afán se va a ella más de ella se alonga, si se equivocó el camino; el cual, si va en sentido inverso, la misma velocidad es causa de mayor alejamiento. Así que lo primero que hay que determinar es qué deseamos, y luego determinar en derredor por qué camino podemos ir allá con la mayor celeridad. Camino avante, si fuere derechero, entenderemos cuánto hemos avanzado cada día y cuánto más cerca estamos del término del viaje a que el deseo natural nos impele y aguija. Mientras arreo divagaremos, no siguiendo a un guía, sino la baraúnda y disonante vocería que nos llama en diversas direcciones, malograremos nuestra corta vida en desavíos, aunque de día y de noche nos afanemos por mejorar nuestra alma. Decidamos, pues, nuestra orientación y nuestro camino, no sin la dirección de algún experto que hubiere explorado los parajes por donde anduviéremos, porque no es esta jornada de la misma condición que las otras: en estas, la vereda que se emprendió y los naturales del país a quienes se interrogue no consienten el descamino; pero en aquella la senda más trillada y más concurrida es la que engaña más. Nada, pues, hemos de procurar tanto como no seguir, a guisa de carneros, la manada de los que nos preceden, yendo no allá donde se ha de ir, sino adonde va todo el mundo. Y no hay cosa alguna que nos implique en mayores males que el de acomodarnos al qué dirán de la gente, creyendo que es mejor aquello que acepta el consenso general y de lo cual se nos ofrecen copiosos ejemplos. Así que nuestra vida se rige no por la razón sino por el remedo. De ahí proviene ese gran tropel de hombres que se precipitan los unos encima de los otros. Aquello mismo que acontece en una gran catástrofe humana, cuando la multitud, presa de pánico, se empuja a sí misma, y nadie cae sin que provoque la caída de otro, y los primeros causan la muerte a los que los siguen; observarás que sucede esto mismo a lo largo de toda la vida; nadie se descarría solo, sino que es causa y autor del descarrío de otro; pues tiene sus peligros pegarse a los que van caminando delante, y como cada cual prefiere creer que juzgar, jamás se juzga de la vida, sino que siempre se da crédito a los otros; y el error transmitido de uno en otro nos hace vacilar y caer. Perecemos por el ejemplo ajeno; nos curaremos si nos separamos de la multitud. Mas ahora se rebela contra la razón el pueblo defensor de su propio mal. Así que acaece aquello mismo que en los comicios en donde se maravillan de que salgan elegidos pretores aquellos mismos que los eligieron, cuando el veleidoso favor popular ha recorrido toda la asamblea. Aquello mismo que aprobamos, esto mismo reprendemos; tal es el resultado de todo juicio en que la sentencia se da por un voto de mayoría.

II

Al tratarse de la vida bienaventurada no has de responderme como es costumbre en las elecciones: «Este partido parece tener la mayoría», porque cabalmente por eso es el peor. No van tan bien las cosas humanas que lo mejor contente a los más. El voto de la turba es argumento de cosa pésima. Busquemos, pues, lo que es mejor que se haga, no lo que es más socorrido y usual, y qué es lo que nos pone en posesión de la felicidad eterna y no lo que aprueba el vulgo, pésimo intérprete de la verdad. Entre el vulgo incluyo yo a los que llevan clámide o corona, porque no miro yo el color de los vestidos con que se cubren los cuerpos; no me fío de mis ojos al juzgar al hombre; tengo una lumbre mejor y más certera para discernir lo verdadero de lo falso; el bien del alma, hállele el alma. Si alguna vez le huelga respirar y refugiarse dentro de sí misma, entonces, torturada por ella misma, confesará la verdad y dirá: «Todo lo que hice hasta ahora prefiriera que no fuese hecho; cuando recuerdo lo que dije tengo envidia de los mudos; todo lo que deseé lo reputó como maldición de enemigo; todo lo que temí, cómo era, ¡oh cielos!, menos temeroso que lo que deseé. Enemistado con muchos y vuelto del odio a la benevolencia (si benevolencia alguna puede haber entre los malos), todavía no soy amigo de mí mismo. Puse todo mi afán en segregarme de la multitud y distinguirme por alguna buena cualidad; y ¿qué otra cosa alcancé sin exponerme a los tiros y descubrir a la malevolencia sitio en donde morder? ¿Ves a esos que encarecen la elocuencia, que van en pos de las riquezas, que adulan la popularidad, que ensalzan el poder? Todos ellos o son enemigos o, lo que es igual, pueden serlo. Tan grande como la turba de los admiradores es la turba de los envidiosos. ¿Por qué, con mejor acuerdo, no busco para practicar algo cuya bondad yo sienta, no que haga de ella ostentación? Esas cosas tan admiradas, esas cosas ante las cuales la gente se detiene, que el uno enseña al otro con estupor, brillan por fuera; mas, en su interior, son viles y gusanientas».

III

Busquemos alguna cosa buena, no en la apariencia, sino sólida y constante y más honrosa aún por dentro que por fuera; excavémosla; no está lejos; se la encontrará; solo falta saber dónde alargar la mano; ahora, como quien anda a tientas, pasamos por su vecindad, topando con aquello mismo que deseamos. Mas, para no llevarte por rodeos, prescindiré de las opiniones de los otros, pues fuera prolijo en demasía enumerarlas y refutarlas: toma la nuestra. Y, cuando digo la nuestra, no me ligo a un determinado corifeo de los estoicos: también yo tengo derecho a opinar. Así, pues, a alguno le seguiré; a algún otro le obligaré a distinguir la sentencia. Acaso, llamado en última instancia, no desaprobaré nada de lo que los primeros hubieren decidido y diré: Yo pienso esto por añadidura. Mientras tanto, y en ello concuerdan todos los estoicos, convengo con la naturaleza de las cosas; la sabiduría consiste en no desviarse de ella y conformarse con su ley y ejemplo. Vida bienaventurada es, pues, aquella que conviene a su naturaleza, conveniencia que no se puede alcanzar sino teniendo primordialmente el alma sana y en inalterable posesión de la salud; luego es menester que sea enérgica y ardiente; también hermosamente sufrida, dispuesta a toda eventualidad, cuidadosa, pero sin ansias de su cuerpo y de todo lo que toca a su cuerpo, solícita de las otras cosas pertinentes a la vida, pero sin deslumbrarse por ninguna de ellas, preparada a usar los dones de la fortuna, no a servirla como esclava. Harto comprendes, aunque no lo haya añadido, que a esto se sigue una tranquilidad perpetua y una verdadera libertad, expulsadas todas aquellas cosas que nos irritan o nos aterran; pues en lugar de los deleites, en lugar de los placeres pequeños, deleznables y dañinos por su impureza misma, sobreviene un gozo inmenso, inconmovible e igual, y por añadidura paz y concordia del espíritu, y grandeza con mansedumbre; pues toda bravosía es hija de debilidad.

IV

Además de esto, puede definirse de otra manera nuestro bien, es decir, expresar la misma sentencia con palabras diferentes. Así como un ejército ora se espacia por una gran llanura, ora se aprieta en un paso estrecho; y tan pronto se encorva adelantando los flancos y arqueando la parte media como se extiende en línea recta; y cualquiera que fuere su disposición es siempre igual su fuerza y firme su voluntad de permanecer fiel a la misma bandera; asimismo, la definición del soberano bien puede ampliarse y desarrollarse o concentrarse y reducirse a compendio. Lo mismo será si dijere: «El soberano bien es el alma que desdeña lo fortuito y se contenta con la sola virtud», como si dijere estotro: «La invencible energía del alma conocedora de las cosas, pacífica en la acción, armada de una gran benevolencia y cuidadosa de sus domésticos». Se puede también definir diciendo que «es bienaventurado aquel hombre para quien no existe otro bien ni mal que un alma buena o mala, ejercitado en la práctica de lo honesto, contento con la virtud, a quien ni engríen ni quebrantan las veleidades de la fortuna, que no conoce mayor bien que el que se puede dar a sí mismo, y cuyo auténtico placer es menospreciar el placer». Y, si tuvieres humor de vaguear, podemos presentar el mismo objeto bajo objetos diferentes, salvando siempre íntegra la misma sentencia. ¿Quién nos impide que digamos que la vida bienaventurada es el alma libre, derecha, intrépida y constante, situada fuera del alcance del miedo y de la codicia, cuyo bien único es la honestidad, cuyo mal único es la torpeza, para quien la vil muchedumbre de las otras cosas no puede quitar ni añadir nada a su bienaventuranza y que va y viene y se mueve en todos sentidos sin aumento ni mengua del soberano bien? Menester es que a la fuerza, quiera o no quiera, un hombre tan sólidamente cimentado vaya acompañado de un júbilo continuo y una profunda alegría que mana de lo más entrañable de su ser, puesto que se complace en sus cosas y ninguna desea mayor que las acostumbradas. ¿Y por qué todo esto no le ha de compensar de los movimientos pequeños y frívolos y no perseverantes de su cuerpo? El día en que estuviere sujeto al placer, estará también sujeto al dolor. ¿No ves, por otra parte, bajo qué mala y perniciosa servidumbre ha de servir aquel a quien poseerán en dominio alterno los placeres y los dolores que son los más caprichosos e insolentes de los dueños? Hay, pues, que salir hacia la libertad. Y esta ninguna otra cosa nos la proporciona sino el negligente desdén de la fortuna. Entonces brotará aquel bien inestimable, a saber, la tranquilidad del alma puesta en seguro, y la elevación y un gozo grande e inconmovible que resultará de la expulsión de toda suerte de terrores y del conocimiento de la verdad; y la afabilidad y expansión del espíritu; y en estas cosas se deleitará no como en cosas buenas, sino como en cosas emanadas de su propio bien.

V

Puesto que comencé a tratar este asunto con prolijidad, puedo añadir aún que el hombre feliz es aquel que, gracias a la razón, nada teme ni desea nada. Y, por más que las piedras y los cuadrúpedos carezcan de temor y de tristeza, nadie dirá por eso que sean felices porque no tienen conciencia de la felicidad. En el mismo caso pon a los hombres a quien un natural lerdo y el desconocimiento de sí mismos redujeron al número de los cuadrúpedos y de las cosas inanimadas. Ninguna diferencia hay entre aquellos y estos; porque en estos la razón es nula y en aquellos es depravada y nociva e ingeniosa para toda perversidad; pues no puede llamarse feliz quien ha sido lanzado fuera de la órbita de la verdad. Por ende, la vida bienaventurada está fundada inmutablemente en el juicio recto y seguro. Entonces, en efecto, es pura el alma y exenta de todo mal y esquiva no solo las cuchilladas sino también los pellizcos, cuando permanece en el mismo sitio donde se fijó, y está dispuesta en todo momento a recabar su asiento, aun contra las iras y las enemistades de la fortuna. Por lo que se refiere al placer, aunque por todo arreo se difunda, y por todos los caminos se infiltre y mulla el alma con sus blanduras y de unas haga salir las otras para solicitarnos con ellas a nosotros y a nuestros miembros: ¿qué moral hay que guarde la huella más leve de dignidad humana, que quisiera de día y de noche sentir el acicate del deseo y, descuidada el alma, ocuparse del cuerpo?

VI

«Pero también el alma —dice— tendrá sus deleites». Téngalos enhorabuena y sea el árbitro de la lujuria y de los placeres todos; llénese de todas aquellas cosas que suelen engolosinar los sentidos; vuelva luego sus ojos a lo pasado y, recordando los inmediatos contentamientos, huélguese con los añejos y aparéjese a gozar de los próximos y ponga orden en sus esperanzas y mientras yace el cuerpo en la blanda grosura presente anticípese a enviar su pensamiento a las cosas futuras. Esto me parecerá miseria mayor porque locura es escoger los males por los bienes. Sin salud moral nadie puede ser bienaventurado, ni demuestra tener seso aquel que apetece como mejores las cosas que le han de dañar. Bienaventurado es, pues, el hombre de juicio recto; bienaventurado el que con sus cosas se contenta y es de sus cosas amigo, cualesquiera sean ellas; bienaventurado es aquel a quien la razón hace que acepte cualquier estado de sus asuntos.

VII

Aun aquellos mismos que sostuvieron que el soberano bien reside en estas cosas, reconocen en cuán torpe lugar lo colocaron. Por eso niegan que el placer pueda separarse de la virtud y dicen que nadie puede vivir honestamente si no vive gustosamente y que no puede ser gustosa una vida que al mismo tiempo no sea honesta. No veo cómo cosas tan diversas puedan ayuntarse en un mismo maridaje. ¿Por qué razón, os ruego, el placer no puede separarse de la virtud? Acaso, puesto que todo principio de bien procede de la virtud, ¿de sus mismas raíces vienen también estas cosas que amáis y que buscáis? Si virtud y placer fuesen indistintos, ¿no veríamos algunas cosas deleitables pero no honestas; y otras, en cambio, honestísimas pero desabridas y que solo se consiguen por medianería del dolor? Añade aún que el placer se allega también a la vida más rota, pero la virtud no admite una mala vida; que determinados hombres son infelices no porque no tengan placeres sino precisamente por culpa de los placeres mismos; lo cual no acontecería si el placer anduviera mezclado con la virtud, que hartas veces de ella carece y nunca tiene de él necesidad. ¿Por qué juntáis cosas desemejantes y aun opuestas? Alta cosa es la virtud, excelsa y soberana, invicta e infatigable; el placer, en cambio, es abyecto, servil, frívolo, caduco y tiene su morada en tabernas y prostíbulos. A la virtud la encontraréis en el templo, en el foro, en el Senado; la veréis enhiesta sobre las murallas, cubierta de polvo, de andar al sol tostada, sus manos ásperas y callosas. Al placer lo veréis con harta frecuencia recatándose y buscando los escondrijos; en la vecindad de los baños, de los sudatorios, de los parajes medrosos de la presencia del edil, lo veréis muelle, desmedrado, macerado en vino y en adobos, pálido y afeitado y embalsamado a drogas. El soberano bien es inmortal, no puede dejar de ser, no conoce la hartura ni el arrepentimiento; porque un espíritu recto no se desvía de su derechura, ni tiene odio de sí mismo, ni introduce cambio en la determinación tomada. Mas el placer, cuando mayor gusto da, luego fenece; no tiene mucho espacio y por eso lo llena de seguida y engendra tedio y al ímpetu primero se marchita. Además de esto, nunca es cosa segura aquella cuya naturaleza es móvil y por eso no puede tener ninguna realidad aquello que viene y pasa aceleradísimamente y tiene su término en su mismo uso, porque tiende hacia aquello mismo que es su fin y desde su comienzo ya mira a su acabamiento.

VIII

¿Y qué decir de aquello, a saber, que así los buenos como los malos tienen sus placeres y no deleitan menos a los malvados sus deshonestidades que a los honestos sus hermosas obras? Por eso los antiguos preceptuaron seguir la vida mejor, no la más deleitable, de tal modo que el placer sea no el guía, sino el compañero de la voluntad buena y recta. Hay que seguir, no obstante, el caudillaje de la naturaleza; a ella la observa la razón, la consulta a ella. Así que lo mismo es vivir bienaventuradamente que vivir según la naturaleza; qué sea ello, voy a declararlo: conservar con diligencia y con impavidez las facultades corporales y las aptitudes de la naturaleza, como bienes fugaces que se nos dieron a plazo fijo; no someterse a su servidumbre ni al dominio de las cosas extrañas; hacer de las cosas gratas al cuerpo y perecederas el mismo uso que se hace en los campamentos de los auxilios y de las tropas ligeras: estas han de servir y no mandar. Solo así serán útiles al alma. Incorruptible sea el hombre por las cosas externas, e inexpugnable, atento exclusivamente a sí mismo; animado por la confianza y preparado para las veleidades de la fortuna; artesano de su propia vida; su confianza no esté horra de ciencia y su ciencia no desprovista de constancia. Persista en la entereza de sus resoluciones y no haya en sus decisiones enmienda alguna. Ya se colige, aunque no lo haya dicho, que tal varón será ordenado y compuesto en su persona, y en sus actos será magnánimo con cortesía. Camine la sana razón por el camino iniciado por los sentidos, y tomando de allí los principios, pues no tiene otro punto de apoyo para sus esfuerzos y su ímpetu por llegar a la verdad, vuelva de nuevo a sí misma. También el mundo que todo lo abarca y el mismo Dios, gobernador del universo, se extravasa a lo exterior pero, de dondequiera, regresa en sí mismo. Esto mismo haga nuestra alma: después que siguiendo sus sentidos se haya por ellos derramado a los objetos externos, sea dueña y señora de ellos y de sí misma. De esta manera se formará una fuerza y una potestad única y concordante consigo misma, y nacerá aquella razón cierta que no conoce discrepancias ni dudas en opiniones y doctrinas, ni en las creencias. Luego de haberse ajustado y acordado con sus partes y haberse, por decirlo así, puesto en armonía con ellos, esta razón habrá alcanzado el bien sumo. Nada le queda de tortuoso, nada de resbaladizo en que pueda chocar o deslizarse; todo lo hará por su propio mandato, nada no esperado le sobrevendrá, sino que todo lo que hiciere le redundará en bien, fácil y prontamente, sin vacilación de parte suya porque la pereza y la hesitación denuncian inconstancia y pugna. Por eso puedes declarar con impávida osadía que el sumo bien es la concordia del alma; porque las virtudes allí deberán estar donde hubiere consenso y unidad; la disidencia es propia de los vicios.

IX

«Pero tú también —dice— por otro motivo cultivas la virtud sino porque de ella esperas algún deleite». Primeramente, la virtud no es deseada sino porque ha de proporcionar algún placer, porque el placer es una de las cosas y no la única que ella procura y no es por eso que se esfuerza sino que su esfuerzo, por más que dirigido a otro objeto, conseguirá todo esto. Así como en un labrantío roturado para panes, a trechos nacen algunas flores y no fue precisamente para estas lindas hierbecillas que se tomó tanto trabajo, así también el placer no es el galardón ni la causa de la virtud, sino cosa accesoria; pues no place la virtud porque deleita, sino que si place deleita también. El soberano bien reside en el mismo juicio y en la disposición del alma buena, que en habiendo terminado su jornada y ceñido en sus límites el bien sumo es colmado y ya no desea nada más, pues nada hay fuera del todo, como no hay nada más allá de los límites. Yerras, pues, cuando me preguntas lo que sea aquello por que busco la virtud, puesto que pides alguna cosa que está por encima del sumo bien. Me preguntas qué es lo que pido de la virtud. La misma virtud; ninguna otra cosa tiene mejor; ella es el premio de sí misma. ¿Que este premio es poco grande? Cuando yo te dijere: El sumo bien es la inflexible verticalidad del alma y su providencia y su alteza y su salud y su libertad y su concordia y su decoro, ¿exigirás aún cosa mayor a aquella a la cual estas otras se refieren? ¿Por qué me nombras el placer? Busco el bien del hombre, no el del vientre; más ancho que él lo tienen las bestias y las fieras.

X

«Desfiguras —dice— lo que yo digo; puesto que yo niego que nadie puede vivir a placer sin vivir al mismo tiempo honestamente, cosa que no puede suceder a los irracionales ni a los hombres que miden su bien por la comida. Claramente, paladinamente —dice— yo confieso que esta vida que yo llamo jocunda no puede darse sin la compañía de la virtud». Pero ¿quién ignora que algunos hombres estultísimos están ahítos hasta el regüeldo de vuestros placeres, que la maldad tiene abasto de placeres, que el alma misma sugiere abyectos y numerosos géneros de deleite? En primer lugar, sugiere la insolencia, la estimación demasiada de sí mismo, el engreimiento de la altivez y del descollar sobre los otros, el amor ciego y arbitrario de las cosas propias, las delicias de la vida muelle, los jubilosos transportes por menguadas niñerías; luego la dicacidad, la soberbia que se goza con los ultrajes, la desidia y relajamiento de un alma indolente que se aduerme a sí misma. Todas estas cosas sopésalas la virtud y las tira de la oreja, justiprecia los placeres antes de admitirlos ni tiene en gran estima aquellos que acaso probó; pues cautamente los admite y se contenta no con su uso sino con su templanza. Mas la templanza, puesto que disminuye los placeres, es una injuria al bien sumo. Tú te abrazas con el placer, yo lo modero; tú lo gozas, yo lo uso; tú crees que es el sumo bien, yo creo que no es ni bien; tú lo haces todo por causa del placer, yo nada.

XI

Cuando yo digo que no hago nada por causa del placer, hablo de aquel sabio a quien solo concedes el placer. Pero yo no llamo sabio al hombre por encima del cual haya algo, no ya el placer. Señoreado por él, ¿cómo resistirá el trabajo y el peligro, la pobreza y tantos otros amagos como zumban en torno de la vida humana? ¿Cómo afrontará la perspectiva de la muerte, cómo los dolores, cómo el sonido fragoroso del mundo y de tan gran hueste de enemigos acérrimos, él que ha sido vencido por adversario tan muelle? «Todo lo que le aconsejare el placer, lo hará». Está bien; pero ¿no ves cuántas cosas le aconsejará? «Nada —dice— podrá aconsejarle torpemente, porque anda asociado a la virtud». ¿No ves qué bien sumo es aquel que para ser simplemente bien ha menester que se le vigile? ¿Ni cómo la virtud podrá gobernar el placer en cuyo seguimiento va, puesto que el andar a zaga es propio del que obedece, no del que manda? ¿Colocas detrás al que manda? ¡Menester egregio señaláis a la virtud: el de degustadora de los placeres! Pero ya veremos si la virtud, a quien tratáis con tanto ultraje, es virtud todavía, pues no puede conservar su nombre si cedió su lugar; mientras tanto, y es eso de que se trata, yo te mostraré a muchos hombres engolfados y ahogados en placeres, sobre los cuales la fortuna volcó todos sus bienes, que forzosamente has de reconocer que son malos. Mira a Nomentano y Apicio, que aderezan todas las viandas o, como ellos dicen, todos los bienes de los mares y de las tierras, que saborean en la mesa los animales de todos los países. Míralos cómo desde un reclinatorio de rosas contemplan sus monumentos culinarios, halagando sus oídos con el son concertado de las voces, con los espectáculos sus ojos, su paladar con los sabores. Con molicies y blanduras regalan y estimulan todo su cuerpo y porque su olfato no sea el único sentido ocioso, con olores varios saturan la cámara misma en donde se da cebo a la lujuria. Dirás que estos hombres se ahogan en los placeres y, no obstante, no les va bien, puesto que no es un bien aquello de que gozan.

XII

«Les irá mal —dice— porque les saltean muchos accidentes que perturban su espíritu y la colisión de opiniones contrarias pone inquietud en su mente». Reconozco ser así, pero, no obstante, estos mismos insensatos, aunque versátiles y puestos bajo el martillo del remordimiento, experimentarán intensos deleites, de manera que tienes que confesar que entonces están tan lejos de toda molestia como de toda cordura y, cosa que ocurre a muchos, enloquecen de jovial mentecatez y su frenesí estalla en carcajadas. En cambio, los goces del sabio son tasados, son modestos y casi mustios, recatados que apenas asoman, porque ni vienen porque sean invitados ni por más que se acercaren espontáneamente se les tiene en ningún honor ni se les disfruta con ningún gozo; porque el sabio los mezcla y les interpola en la vida como en la seriedad se intercalan los juegos y los discreteos.

XIII

Cesen, pues, de unir cosas incompatibles y de complicar el placer en la virtud, con cuya confusión adulan los vicios de los hombres más perversos. Ese hombre disuelto en los placeres, ahíto hasta el regüeldo, bebido más que un azumbre, porque sabe que vive en el placer, cree vivir también en la virtud, pues oye decir que placer y virtud son inseparables y pronto a sus vicios les da nombre de sabiduría y hace profesión de aquello mismo que debiera ocultar. No impelidos por Epicuro se entregan al goce licencioso; al contrario, entregados al vicio esconden su lujuria en el regazo de la filosofía y concurren a la cátedra donde escuchan el panegírico del placer. Ni siquiera aquilatan cuán sobria y austera sea —yo así, en buena fe, lo siento al menos— aquella voluptuosidad preconizada por Epicuro, sino que volando acuden al solo nombre buscando para sus sensualidades una autorización y un velo. Así que pierden aquel único bien que en medio de sus males les quedaba: la vergüenza de pecar; pues alaban aquello mismo de que se sonrojaban y se ufanan de su vicio. Por este motivo no es posible ni a la misma juventud rehabilitarse desde el momento en que un epígrafe honesto ha rotulado su torpe abandono. Por esto resulta perniciosa aquella alabanza del placer, porque los preceptos de honestidad quedan latentes, y los de la corrupción quedan al descubierto. Yo ciertamente tengo la convicción —y lo diré a despecho de nuestros compañeros de escuela— que Epicuro daba preceptos rectos y honestos, y si los mirares de más cerca, austeros, pues aquel placer suyo se reduce a algo muy pequeño y adelgazado y la ley que él señala al deleite es la misma que nosotros asignamos a la virtud, a saber: su obediencia a la naturaleza. Pero para la lujuria es poco aquello que para la naturaleza es suficiente. ¿Qué ocurre, pues? Que todo aquel que da el nombre de felicidad al ocio desidioso y a los placeres alternados de la gula y de la lujuria busca un buen defensor para una mala causa y, al penetrar en la morada a la cual le atrajo un rótulo seductor, practica no el placer que oye predicar, sino el que él trajo consigo, y así que comienza a creer que sus placeres se ajustan a los preceptos, se entrega a ellos no con timidez ni con recato, sino con el rostro descarado. No diré yo, pues, como la mayor parte de los nuestros, que la secta de Epicuro sea maestra de vicios; sino aquello otro: que tiene mala reputación, que es difamada sin merecerlo. Esto ¿quién lo puede saber sino el que ha sido admitido dentro? Su mismo frontispicio da lugar a la fábula e irrita las esperanzas pecaminosas. Viene a ser como un guerrero con vestido de mujer. Guardas el pudor con firmeza, tu virilidad está en salvo, tu cuerpo no sufre ningún ultraje torpe; pero tienes un tamboril en la mano. Escojan, pues, un título honesto y una inscripción elevadora del espíritu: la que ostenta es una llamada a los vicios. Todo aquel que se allegó a la virtud da pruebas de ánimo generoso; el que va en pos del placer se muestra enervado, quebrantado, caído de la dignidad viril y próximo a llegar a la torpeza, a menos que alguien ponga distinción en los placeres, a fin de que sepa cuáles de ellos quedan contenidos en la esfera del deseo natural, y cuáles se precipitan por el derrocadero, desconocedores de todo límite y norma; y tanto más insaciables cuanto más se les ceba.

XIV

Así que marche a la vanguardia la virtud, y todo paso será seguro. El placer excesivo perjudica: en la virtud no hay que recelar demasía, porque la tasa está en ella misma. No es bueno aquello que adolece de su propia grandeza. ¿Qué guía mejor que la razón podemos dar a los que cupo en suerte una naturaleza racional? Si contenta este atraillaje; si place ir con este cortejo a la vida bienaventurada, vaya delantera la virtud; acompáñela el placer, y a guisa de sombra ande en derredor del cuerpo; pero dar la virtud, que es la cosa más excelsa, por sirvienta del placer es propio de un alma incapaz de toda concepción grande y alta. Vaya delantera la virtud; lleve ella el estandarte; de todas maneras, deleites no nos faltarán; pero seremos señores y moderadores; algo conseguirán de nosotros con ruegos, nada a la fuerza. En cambio, aquellos que dieron al placer la primacía carecerán de ambas cosas, pues pierden la virtud, y por lo que toca al placer, no lo poseerán ellos sino que serán poseídos, pues o su carencia los tortura o su hartura los ahoga; miserables si él los abandona, más miserables si los abruma, semejantes a aquellos marineros sorprendidos en el mar de las Sirtes, que tan pronto embarrancan en seco como zozobran en la violencia de la corriente marina. Acontece esto por una excesiva intemperancia y ciego amor del deleite, pues al que persigue un mal, tomándolo por un bien, es peligroso conseguirlo. Así como es con fatiga y con peligro que cazamos las fieras y, una vez cazadas, da cuidado su posesión, pues hartas veces despedazan a sus dueños, asimismo los que tienen grandes placeres desembocan en grandes males y tienen presos a aquellos mismos que los aprisionaron. Cuanto más grandes son y más numerosos, más chico es y esclavo de más señores aquel mortal a quien llama feliz el vulgo. Me place detenerme más aún en esta comparación. A guisa de aquel que va en busca de las madrigueras de las fieras y toma gran gusto en cazar las fieras con lazos y rodear las anchas selvas con jaurías, por seguir sus huellas abandona las cosas más valiosas y quebranta muchos deberes; así el que va a zaga del placer lo pospone todo y lo que primero descuida es la libertad, sacrificio que hace al vientre, y no compra placeres para sí sino que se vende él a los placeres.

XV

«¿Qué estorbo hay que vede la identificación de la virtud y del placer, y que así se forme el bien sumo de tal modo que sean una sola y misma cosa lo honesto y lo deleitable?». Lo que estorba esta fusión es que lo honesto no puede tener parte ninguna que no sea honesta y el bien sumo tendrá toda su pureza si ve en sí algo desemejante de lo mejor. Y ni siquiera aquel gozo que nace de la virtud, por más que sea bueno, no es parte del bien absoluto; no de otra manera que la alegría y la tranquilidad, por más que se originen de las más bellas causas. Buenas son estas cosas, pero como consecuencias del sumo bien, no como su consumación. Mas aquel que junta la virtud con el placer aun sin derecho de igualdad, por la fragilidad de uno de los dos bienes debilita todo cuanto vigor hay en el otro y pone bajo el yugo aquella libertad que es invencible, si se reconoce como la cosa de mayor precio que hay. Porque, y esa es la máxima servidumbre, comienza a serle necesaria la fortuna; se sigue la vida ansiosa, suspicaz, alarmada, temerosa del azar, colgada y dependiente de las circunstancias. No das a la virtud un fundamento firme, inmóvil, sino que le ordenas que se establezca en terreno movedizo. ¿Qué cosa hay más movediza que la espera de lo fortuito y la mutabilidad del cuerpo y de las cosas que al cuerpo afectan? ¿Cómo puede este hombre obedecer a Dios y aceptar de buen grado todas las contingencias, y, benigno intérprete de todo cuanto acaeciere, no quejarse nunca del destino, si le acucian los finos aguijones de los dolores y de los placeres? Pero ni aun de su patria podrá ser defensor ni vindicador ni propugnador de sus amigos, si se inclina hacia los placeres. Elévese, pues, el sumo bien a tal altura que no baste fuerza alguna a derrocarle del firme asiento, que no permita el acceso al dolor, al temor, a la esperanza ni a cosa alguna que importe mengua de su soberano privilegio. A tal alteza solo puede ascender la virtud. Con sus pies la virtud ha de domar este áspero risco; ella se mantendrá de pie en su propia maciza reciedumbre y todo cuanto sobreviniere lo soportará no ya con paciencia sino con generosa voluntad y sabrá que toda dificultad de los tiempos es ley de naturaleza y a guisa de buen soldado soportará las heridas, contará las cicatrices y morirá cosido de dardos, amando aun al caudillo por quien dará la vida; y tendrá, hondo en el alma, aquel precepto antiguo: ¡Sigue a Dios! Mas todo aquel que se queja, y llora y gimotea, a la fuerza se le obliga a cumplir las órdenes, y contra su voluntad es arrastrado a ejecutar los mandatos. ¡Qué locura no es dejarse arrastrar antes que seguir! Tanta, a fe mía, como por necedad y desconocimiento de tu propia condición dolerte de que te falte alguna cosa o que te ocurra algo penoso, o admirarte o indignarte por aquellas cosas que igualmente suceden a los buenos como a los malos, las enfermedades, quiero decir, las muertes, las debilidades y otras contrariedades que asaltan la vida humana. Todo aquello que hay que padecer por la especial constitución del mundo, se acepte con grandeza de alma; por juramento estamos obligados a soportar los males propios de la mortalidad y no perder la calma por aquellas cosas que evitarlas no está en nuestra mano. Nacimos en una monarquía: obedecer a Dios es libertad.

XVI

En la virtud está, por lo tanto, la verdadera felicidad. Esta virtud ¿qué te aconsejará? Que no tengas por bien ni por mal aquello que no acontece ni por virtud ni por malicia. Además de esto, que seas inconmovible a los embates del mal y a los halagos del bien, y de la manera que te sea posible, que te labres en estatua como un Dios. ¿Qué te promete por esta empresa? Cosas grandes e iguales a las divinas. No se te obligará a nada; no estarás faltoso de nada; serás libre, seguro, indemne; ningún conato tuyo será baldío; ningún estorbo atravesará tu camino; todo pasará de acuerdo con tu pensamiento, nada adverso te acaecerá, nada que contraríe ni tu opinión ni tu voluntad. «¿Pues qué? ¿Basta la virtud para vivir en bienaventuranza?». Perfecta y divina como es, ¿cómo no bastaría, cómo no sobraría? ¿Pues qué puede faltar a quien está más allá de todo deseo? ¿Qué cosa exterior hará falta a quien reconcentró en sí todas sus cosas? Pero, a quien se encamina a la virtud, aunque hubiere avanzado mucho, será menester alguna benevolencia de la fortuna, mientras, luchando aun contra las cosas humanas, no hubiere soltado todavía aquel nudo y todo otro vínculo mortal.

¿Cuál es, pues, la diferencia? Que los unos están ligados suavemente y los otros encadenados, o más aún, agarrotados; pero este que se elevó a las regiones superiores y se ha encumbrado más arriba que los otros arrastra floja la cadena, no libre del todo aún, pero con cierta apariencia de libertad.

XVII

Si alguno, pues, de aquellos que ladran contra la filosofía dijere lo que ellos acostumbran: ¿Por qué tú hablas más fuertemente que no vives? ¿Por qué en presencia de tu superior bajas el tono de tus palabras y consideras el dinero un instrumento necesario, y te desconcierta un perjuicio, y viertes lágrimas al anuncio de la muerte de tu mujer o de tu amigo, y cultivas la fama, y te afectan las palabras maliciosas? ¿Por qué tienes un campo mejor cuidado de lo que reclama el uso natural? ¿Por qué no cenas de acuerdo con tus preceptos? ¿Por qué tienes un ajuar reluciente? ¿Por qué se bebe en tu casa un vino que te supera en vejez? ¿Por qué dispones gallineros? ¿Por qué plantas árboles que no han de dar más que sombra? ¿Por qué tu mujer cuelga en sus orejas el dote de una familia opulenta? ¿Por qué tus jóvenes esclavos lucen vestidos preciosos? ¿Por qué en tu casa es un arte servir a la mesa y tu vajilla argentina es colocada no de cualquier manera, sino aderezada hábilmente, y tienes a tu servicio un doctor en arte cisoria? Añade aún si te antoja: ¿Por qué tienes posesiones allende el mar, muchas más de las que tú conoces? ¿Por qué eres tan abandonado o tan negligente que no conoces a tus pocos esclavos, o tan fastuoso que tienes más de los que puede retener la memoria? Te ayudaré aun después a denostarme y me baldonaré más copiosamente de lo que tú piensas. De momento, mi respuesta es esta: No soy sabio y para dar cebo a tu malignidad no lo seré nunca. Exígeme, pues, no que sea igual a los mejores, sino mejor que los malos; esto me basta; hacer cada día alguna poda en mis vicios y reprender mis errores. No llegué a la salud ni ciertamente llegaré a ella; calmantes más que remedios confecciono para mi podagra, asaz contento si me ataca más de tarde en tarde y si roe con fuerza menor. Débil y todo, comparado con vuestros pies, soy un hemeródromo. No es por mí que digo estas cosas —porque yo estoy hundido en la sima de mis vicios—, sino por aquel que hizo algún progreso.

XVIII

«Hablas de una manera —dices— y vives de otra». Este mismo reproche, oh espíritus llenos de malignidad y de enemistad, contra todo hombre descollado en virtud, se hizo a Platón, se hizo a Epicuro, se hizo a Zenón; porque todos estos decían no cómo vivían, sino cómo era su deber vivir. Hablo no de mí, sino de la virtud, y, cuando repruebo los vicios, en primer lugar repruebo los míos; cuando podré, viviré como debe vivirse. Esta malignidad inficionada de veneno copioso no me desaviará de buscar el mejor camino; ni este mismo tósigo con que rociáis a los otros y con el cual vosotros os matáis, no me impedirá seguir alabando no la vida que llevo, sino la que sé que se ha de llevar, ni adorar la virtud e ir a zaga de sus huellas, andando a rastras y siguiéndola de muy lejos. ¿Esperaré acaso que haya alguna cosa inviolable para la maledicencia, para quien no fue sagrado Rutilio ni Catón fue sagrado? ¿Se preocupará alguien de parecer demasiado rico a estos para quienes no fue asaz pobre Demetrio el Cínico? Varón acérrimo fue él y en lucha perpetua contra todos los deseos de la naturaleza y por lo mismo más pobre que los otros cínicos, porque, mientras estos se habían vedado el poseer, él se prohibió el pordiosear. ¡Y dicen que no fue pobre abastanza! Pues, como ves, no profesó la ciencia de la virtud sino la de la miseria.

XIX

De Diodoro, filósofo epicúreo que, pocos días ha, puso fin a su vida con sus propias manos, niegan que fuese por seguir los preceptos de Epicuro, que se cortó el cuello. Unos quieren que en este acto se vea una locura, otros una temeridad. Él, empero, feliz y lleno del sentimiento de la buena conciencia, se dio testimonio a sí mismo separándose de la vida y loó la calma de sus días pasados en el puerto, echada el ancla, y dijo aquello que vosotros visteis con desabrimiento, como si también tuvieseis que hacerlo:

He vivido y he consumado la carrera que
la fortuna me asignó.

Disputáis de la vida ajena, de la muerte ajena disputáis, y, al nombre de los varones a quien un mérito insigne engrandeció, ladráis como gozques al encuentro de los viandantes desconocidos; pues os conviene que nadie parezca bueno, como si la ajena virtud fuese una reprensión de los vicios que pone al descubierto. Llenos de envidia ponéis en parangón la esplendidez con vuestras sordideces y no comprendéis con cuánta mengua propia osáis establecer este paralelo. Pues si los seguidores de la virtud son avaros, licenciosos, ambiciosos, ¿qué seréis vosotros a quien el nombre de virtud es aborrecible? Decís que nadie practica lo que enseña y vive de acuerdo con sus palabras; y ¿qué maravilla es si dicen cosas fuertes, gigantescas, sobrepujantes por encima de todas las tempestades humanas? En sus conatos de desclavarse de aquellas cruces en las cuales cada uno de vosotros hinca sus propios clavos, no obstante, llevados al suplicio cuelga cada uno en su propio madero; mas estos otros que les hacen blanco de sus invectivas son descoyuntados por tantas cruces cuantas son sus concupiscencias. Pero los maldicientes son hasta donosos para la contumelia ajena. Creería que es una cómoda ocupación si no fuera que algunos, desde su patíbulo, escupen encima de sus espectadores.

XX

«Los filósofos no hacen lo que dicen». Pero hacen mucho con solo decirlo; solo con concebirlo en su noble alma, porque, si igualasen su vida con su pensamiento,

¿qué mayor bienaventuranza que la suya? Además de esto, no tienes por qué desdeñar sus buenas palabras y su corazón lleno de generosos intentos. Es empresa digna de loa dedicarse a estudios saludables aunque no surtan efecto. ¿Qué maravilla es que no suban más arriba los que atacaron atajos agrios y fragosos? Pero, si eres un hombre, contempla con admiración a los que emprendieron ascensiones arduas, aun cuando cayeron. Hazaña generosa es para quien atendiere no a sus propias fuerzas, sino a las de la naturaleza, esforzarse en soberanas empresas y concebirlas aún mayores que las que pueden llevar a término los pechos dotados de robustez y aliento. El hombre que se propuso esto: «Yo miraré la muerte con el mismo rostro con que oigo hablar de ella. Yo me someteré a los trabajos, cualesquiera que ellos sean, apuntalando mi cuerpo con mi alma. Yo menospreciaré por igual las riquezas así presentes como ausentes, ni más mohíno si yaceren inútiles lejos de mí, ni más codicioso si brillaren a mi vera. Yo no seré sensible a la fortuna, yente o viniente. Yo miraré todas las tierras como mías; y las mías como de todos. Yo viviré como quien sabe que ha nacido para los otros y, porque ello es así, yo haré gracias a la naturaleza: ¿de qué otra manera mejor hubiera podido yo agenciar mi vida? La naturaleza a mí solo me dio a todos y a todos los dio a mí solo. Todo lo que tuviere ni lo guardaré con avaricia, ni lo derramaré con prodigalidad. Nada creeré poseer con mayor firmeza que aquello que hubiere dado bien. No sopesaré los beneficios ni por el número, ni por el peso, ni por otro valor ninguno, sino por el del que los recibiere; jamás ha de parecerme mucho lo que diere a un hombre digno. Nada haré por el parecer de la gente; todo lo haré al dictado de mi conciencia. Creeré hacer en presencia de todo el pueblo todo lo que hiciere a conciencia. En el comer y en el beber mi finalidad será satisfacer las exigencias de la naturaleza; no llenar el vientre y evacuarlo. Seré afable con mis amigos; y con los enemigos, manso y generoso; concederé antes que se me ruegue y me adelantaré a toda petición honesta; sabré que mi patria es el mundo y mis protectores los dioses; que ellos están encima de mí y en derredor mío, contestes y censores de mis hechos y de mis dichos. Y cuando o la naturaleza reclamará mi vida o la razón la licenciará, saldré dándome testimonio de haber amado la buena conciencia y los deseos virtuosos; de no haber disminuido la libertad de nadie, y mucho menos la mía». El que se propusiere hacer estas cosas, el que las quisiere y las intentare hará su camino hacia los dioses, y, aunque no consiguiere llegar al término, no obstante, *habrá caído en un intento grandioso*.

Mas vosotros que odiáis la virtud y al que la practica no hacéis nada nuevo. Porque también los ojos cegajosos temen al sol y aborrecen la esplendidez del día las nocturnas alimañas que al primer albor se desconciertan y buscan arreo sus manidas y temerosas de la luz se esconden en las grietas y en las quiebras. Aullad, ejercitad vuestra lengua infeliz en el ultraje de los buenos, abrid la boca, morded: mucho antes quebraréis los dientes que los clavaréis.

XXI

«¿Por qué aquel es tan amante de la filosofía y tan rico como es lleva una vida opulenta? ¿Por qué dice que han de menospreciar las riquezas y él las retiene? ¿Piensa que la vida ha de ser despreciada, y él sigue tan campante? ¿Que ha de ser desdeñada la salud y él la defiende con diligencia suma y prefiere tenerla inmejorable? Cree que el nombre de destierro es un nombre vano y proclama: ¿Qué mal hay de cambiar de país?, y no obstante, si puede, envejece en su patria. ¿Y al mismo tiempo que dice que igual da vida larga que corta, él, sin embargo, si nada se lo impide, alarga su existencia y conserva plácidamente su verdor hasta una vejez muy avanzada?». Enseña el filósofo que hay que despreciar estas cosas, no por no tenerlas, sino por no tenerlas con zozobra; no las echa de sí, pero cuando se van las mira ir con toda calma. ¿En dónde la fortuna colocaría mejor sus riquezas que allí de donde sabe que podrá retirarlas sin queja del que las devuelve? M. Catón, mientras encarecía a Curio y a Coruncanio y aquel siglo en que poseer unas pocas láminas de plata era un delito merecedor de censura pública, poseía cuatro millones de sestercios, menos sin duda que Craso, pero más que Catón el Censor. Si se comparan, a mayor distancia que aquella en que era vencido por Craso, ganaba a su bisabuelo; y si mayor opulencia le hubiera sobrevenido no las desdeñara. Pues es de saber que el sabio no se considera indigno de ningún presente de la fortuna; no ama las riquezas, sino que las prefiere; no las coloca en su alma, sino en su casa; no rehúsa las que posee, sino que las señorea, y quiere que suministren a su virtud un campo más amplio.

XXII

¿Quién duda, sino que para un hombre sabio hay más holgura para expandir su buen corazón en las riquezas que en la pobreza, puesto que en esta el único linaje de virtud es no abatirse ni reprimirse, siendo así que en las riquezas tienen campo abierto la templanza, la liberalidad, la generosidad, el buen orden y la magnificencia? No se tendrá en menos el sabio por su chica estatura si bien preferirá tenerla prócer. Y enteco de cuerpo y con un solo ojo, no se desanimará por más que preferiría la robustez corporal, pero de tal manera que no olvidará que reside en él otra cosa de una mayor pujanza. Soportará la precaria salud; deseará la buena. Existen determinadas cualidades que aunque pequeñas en relación con el conjunto, de tal manera que pueden perderse sin ruina del bien principal, no obstante añaden algo a aquella perenne alegría que mana de la virtud. Las riquezas le afectan y le alegran como al navegante el viento fresco y favorable y un día de buen tiempo, o un abrigo soleado en tiempo frío y brumoso. ¿Cuál de los sabios —por los nuestros lo digo que tienen la virtud como bien único— niega que estas cosas que llamamos indiferentes tienen también algún precio y que las unas son preferidas a las otras? A algunas se les atribuye un poco de honor; a otras, mucho. Y, para que no te equivoques, diré de una vez que las riquezas se encuentran entre las preferibles. «¿Por qué, pues, me escarneces —dices— si tienen el mismo lugar en ti que en mí?». ¿Quieres saber cuánto falta para tener el mismo lugar? Si las riquezas se escurriesen de mis manos, nada se llevarán consigo sino a sí mismas; tú, en cambio, quedarás estupefacto y ha de parecerte que fuiste separado de ti mismo, si ellas se separaren de ti; en mí, las riquezas tienen algún lugar; en ti, tienen el más alto; y, a la postre, mis riquezas son mías, tú eres de las riquezas.

XXIII

Cesa, pues, de prohibir el dinero a los filósofos; nadie condenó la sabiduría a la indigencia. Poseerá el filósofo grandes bienes, pero no robados a nadie ni manchados en sangre ajena, adquiridos sin injuria de otro, sin logros sórdidos, de salida tan honesta como la entrada, que a nadie harán gemir sino al maligno. Amontónalas hasta la altura que quieras; honrados son, pues, aun cuando contengan muchas cosas de las cuales cada cual quisiera decir que son suyas, nada contienen de quien nadie pueda decirlo. El filósofo no ojeará la fortuna de sí y ni se gloriará ni se avergonzará del patrimonio adquirido con honradez. No obstante, tendrá algo de que gloriarse si abriendo su casa y admitiendo a todos los ciudadanos a la vista de sus riquezas pudiere decir: «Tome cada uno lo que reconozca por suyo». ¡Oh varón grande, oh rico ejemplar, si después de esta invitación tiene tanto como tenía; si ha podido, seguro y tranquilo, ofrecer al pueblo este escrutinio, si nadie halló nada en qué echar su mano; entonces será rico, con publicidad y valentía! El sabio no admitirá en el dintel de su casa un solo dinero mal entrante; pero tampoco repudiará ni cerrará la puerta a las grandes riquezas, dádiva de la fortuna y fruto de virtud. ¿Qué razón hay para que les niegue un buen lugar? Vengan enhorabuena; tomen hospedaje. Ni las mostrará con jactancia ni las esconderá —lo uno es propio de un alma baladrona, lo otro de un espíritu apocado y pequeño que parece llevar un tesoro escondido en su seno—; ni, como dije, las echará de casa. Pues ¿qué dirá? Dirá tal vez: «Sois inútiles», o: «Yo no sé usar de las riquezas?». De la misma manera que puede hacer un viaje a pie, pero preferirá hacerlo en un vehículo, así, aunque podrá ser pobre, preferirá ser rico. De manera que tendrá las riquezas como livianas y huidizas y no tolerará que sean pesadas ni para los otros ni para sí. Él dará... —¿por qué le erizáis las orejas, por qué abrís el halda?—, dará o a los buenos o a aquellos que pudiere hacer buenos; dará eligiendo con meticulosa discreción a los más dignos, como quien recuerda que ha de dar cuenta así de lo que diere como de lo que recibiere; dará por motivo de rectitud merecedora de aprobación, porque el galardón mal dado ha de contarse entre las prodigalidades vergonzosas; tendrá la faltriquera fácil, no horadada, de la que salgan muchas cosas, pero no caiga ninguna.

XXIV

Se equivoca el que piensa que el dar es tarea fácil; sumamente dificultosa es si se da con seso y no derrama al voleo y al azar. A este, me le gano; a aquel, le recompenso; a este, le socorro; de aquel, me apiado; al otro le favorezco porque le creo digno de que la pobreza no le deprima ni le tenga tiranizado; a algunos no les daré, aun cuando les faltare, porque después que les hubiere dado, igualmente les faltará; a unos les ofreceré; a otros los persuadiré que tomen. No puedo ser negligente en este punto; pues nunca coloco a tan crecido interés como cuando doy. «¿Y qué —dices— tú das para recibir?». Rectifico: doy para no perder. Póngase el don en lugar de donde no haya de reclamarse, pero puede ser devuelto. Colóquese el beneficio como un tesoro profundamente soterrado que no has de desenterrar sino por necesidad apremiante. ¿Qué más? La casa del rico, ¡cuánto margen ofrece a la beneficencia! ¿Quién reserva la generosidad solo a los que visten toga? La naturaleza me manda hacer bien a los hombres. Que sean esclavos o libres; ingenuos o libertos; libertos por la ley o por la libertad dada entre amigos, ¿qué importa? Dondequiera haya un hombre, allí hay lugar para una buena acción. El dinero puede repartirse de puertas adentro en ejercicio de liberalidad, puesto que no es porque sea debida a los hombres libres, sino porque procede de un espíritu libre, que se llama así la liberalidad. La cual, en manos del sabio, jamás se desperdiga en gentes abyectas e indignas, ni fatigada jamás de tal manera se avía que, en hallando quien la merezca, deje de manar a raudal pleno. No hay, pues, razón alguna porque oigáis con espíritu perverso aquello que de honesto, de fuerte, de animoso dicen los amadores de la sabiduría. Y entended esto primeramente; una cosa es el ser enamorado de la sabiduría y otra haberla alcanzado ya. El enamorado de la sabiduría te dirá: «Hablo muy bien; pero aún me revuelco en muchísimos males. No tienes derecho a exigirme conformidad con mis enseñanzas, mientras voy haciendo lo posible para formarme y elevarme a un altísimo dechado; si algún día hubiere avanzado tanto como me propuse, entonces exígeme que mis obras correspondan a mis palabras». Mas, el que ya alcanzare el ápice del sumo bien, te hablará de otra manera y dirá: «En primer lugar, no tienes derecho a sentenciar sobre los que son mejores que tú; por lo que a mí toca, ya conseguí desagradar a los malos, lo cual es un argumento de rectitud. Pero a fin de darte cuenta, cosa que yo no rehúso a ningún mortal, oye lo que he prometido y la estima en que tengo a cada cosa. Niego que las riquezas sean un bien, que, si lo fueren, harían buenos a los hombres; ahora, no pudiéndose decir ser cosa buena aquella que se encuentra en los malos, retiro este nombre a las riquezas. Pero no dejo de confesar que hay que tenerlas, que son útiles y reportan grandes ventajas a la vida».

XXV

¿Cómo es, pues? Escuchad ahora por qué razón no las cuento entre los bienes y qué hago yo con ellas diferente de vosotros, puesto que todos convenimos en que se deben tener. Ponme en una casa opulentísima; pon oro y plata cuyo uso sea indiferente y promiscuo: yo no me he de engreír por ello, que, si este tesoro está orilla de mí, está fuera de mí. Llévame al puente Sublicio y échame entre los pordioseros: no por eso he de tener a menos sentarme entre el número de los cuitados que tienden su mano a la limosna. ¿Qué importa el que falte un mendrugo de pan a quien no falta el poder morir? ¿Cómo se entiende eso? Prefiero la casa espléndida al puente. Ponme en medio de un ajuar resplandeciente y de un aderezo delicado; no me creeré más feliz por llevar un manto sedoso o porque mis comensales huellen alfombras de púrpura. Trueca mi cama; no seré más miserable si reclino mi cabeza cansada sobre un manojo de heno o si me tumbo en un colchón del circo que muestra su borra por los remiendos de una vieja tela. ¿Cómo se entiende, pues? Prefiero demostrar el ánimo que tengo vestido con pretexta o clámide que con las espaldas desnudas o mal cubiertas. Que todos los días secunden mis deseos y las nuevas felicitaciones se unan con las primeras; no por eso estaré satisfecho de mí. Cambia en sentido contrario esta indulgencia del tiempo; de acá para allá lleven asendereado mi espíritu por el daño y por el llanto y por asaltos diversos; y hora ninguna esté para mí exenta de queja; no por eso, entre las mayores miserias, me consideraré miserable ni por eso execraré día ninguno, porque yo he decidido que ningún día sea negro para mí. ¿Cómo se entiende, pues? Prefiero atemperar los goces a reprimir los sufrimientos. He aquí lo que te dirá aquel Sócrates famoso: «Hazme vencedor de todas las gentes; aquella muelle carroza de Baco llévame en triunfo hasta Tebas desde las partidas donde nace el sol; pídanme leyes los reyes extraños: más que nunca pensaré que soy hombre entonces, cuando seré saludado dondequiera como dios. A tan sublime ascensión sígase una súbita mudanza que me precipite. Colocado sea en ajeno bayardo para realzar la pompa de un vencedor fiero y altanero: llevado en carroza ajena no me sentiré más abatido que cuando iba empinado encima de la mía. ¿Cómo se entiende, pues? Prefiero vencer a ser cautivo. Desdeñaré todo el imperio de la fortuna, pero de él, si se me da la opción, tomaré la mejoría. Todo lo que me llegare se me hará bueno, pero prefiero que me lleguen las cosas más fáciles y agradables y más cómodas al manejo. Mas no vayas a creer que exista virtud alguna sin trabajo; pero unas virtudes han menester de acicate, otras de freno. Así como un cuerpo ha de ser retenido en un declive y empujado en una subida, así determinadas virtudes caminan cuesta abajo y otras ganan la pendiente. ¿Es cosa dudosa, por ventura, que la paciencia, la fortaleza, la perseverancia y cualquiera otra virtud que se opone a contrastes duros y ha de domar a la fortuna suben cuesta arriba, y combaten con esfuerzo denodado? ¿Qué más? ¿Acaso no está claro igualmente que la liberalidad, la templanza, la mansedumbre van cuesta abajo? En estas retenemos el alma, que no se deslice; en aquellas la exhortamos y la enardecemos con brío. En la pobreza, pues, emplearemos aquellas virtudes que, como son más fuertes, saben combatir; en la riqueza, aquellas más cautas y meticulosas que mantienen en suspenso el pie y sostienen su peso. Establecida esta división, prefiero tener que usar aquellas cuya práctica es más tranquila que aquellas otras cuyo ejercicio es sangre y sudor. No es, pues, dice el sabio, que yo viva de otra manera de como hablo sino que vosotros lo oís de otra manera; no más que el sonido de las palabras llega a vuestros oídos; pero no buscáis su significación».

XXVI

¿Qué diferencia existe, pues, entre mí, necio, y tú, sabio, si ambos a dos queremos poseer riquezas? Muchísima; las riquezas, si las tuviere el sabio, son sirvientas; si el necio las tuviere, son señoras; el sabio nada permite a las riquezas; pero ellas a vosotros os lo permiten todo; vosotros, como si alguien os hubiera prometido su eterna posesión, os avezáis a ellas y a ellas os adherís; el sabio entonces más que nunca medita la pobreza, cuando vive en la afluencia. Nunca un caudillo confía tanto en la paz que no se apareje a la guerra, que, aun cuando entonces no se haga, está declarada. A vosotros os deslumbra la casa hermosa, como si no pudiere quemarse o derrumbarse; a vosotros os seduce una opulencia insolente, como si estuviera exenta de todo riesgo y fuese de tal cuantía que la fortuna nada pudiese con ella. Ociosos jugáis con las riquezas y no os prevenís contra sus peligros, como los bárbaros, que las más de las veces quedan cercados y, desconocedores de las máquinas de guerra, contemplan con indolente curiosidad el trabajo de los sitiadores, sin entender para qué sirven aquellas obras que se montan tan lejos. Lo mismo os sucede a vosotros: os marchitáis en vuestras riquezas y no consideráis cuántos accidentes de todos lados os amagan, a punto ya de llevarse sus despojos preciosos. Quien quitare las riquezas al sabio, le dejará íntegro todo lo suyo, pues vive contento de lo presente, seguro de lo venidero. Dice Sócrates o cualquier otro que tiene el mismo derecho y la misma potestad que él ante las cosas humanas: «De nada me persuadí tanto como de no plegar a vuestras opiniones la actividad de mi vida. Decidme lo que quisiereis: no creeré que me ultrajáis, sino que pensaré que balbuceáis como niños muy desvalidos». Eso mismo dirá aquel a quien cupo en suerte la sabiduría; aquel a quien un alma inmune de vicios autoriza para reprender a los otros, no por odio, sino por medicina. Y todavía añadirá: «Vuestro criterio me impresiona no por mí, sino por vosotros, porque odiar a los predicadores y hostigar a la virtud es la abjuración de toda buena esperanza. Ninguna injuria me hacéis, como tampoco la hacen a los dioses los que derriban sus altares. Pero harto clara queda la mala intención y el propósito perverso aun en aquellas cosas en que no pudo hacer ningún daño. Soporto vuestras alucinaciones de la misma manera que Júpiter, óptimo, máximo, las inepcias de los poetas, uno de los cuales le puso alas pegadizas, otro cuernos, otro le hizo adúltero y nocharniego, otro cruel con los dioses, otro inicuo con los hombres, otro raptor de nobles mancebos, y hasta de parientes; otro parricida y usurpador del reino de otro que no era sino su padre; con todo lo cual nada se consiguió, sino que los hombres perdiesen la vergüenza de pecar, por creer pecadores a los dioses. Pero, aun cuando estas fantasías vuestras no me dañen, no obstante os aviso por el amor que os tengo: otead la virtud, creed a aquellos que, habiéndola seguido largo tiempo, proclaman que es cosa grande y que de día en día se magnifica más. Reverenciadla como reverenciáis a los dioses y honrad a los que la profesan como a los pontífices, y todas las veces que oyereis mentar las sagradas letras, enmudezca la lengua: *farete linguis*. Esta fórmula, como piensan muchos, no deriva de favor, sino que preceptúa silencio para que la sagrada ceremonia pueda celebrarse, según rito, sin ruido de ninguna mala palabra; lo cual es mucho más necesario que a vosotros se os mande, a fin de que todas las veces que se pronuncie sentencia salida de aquel oráculo, la oigáis con atención y con voz sumisa. Cuando alguno de esos tañedores del sistro mienten porque se les mandó, cuando alguno de esos hombres diestros en cortarse los músculos ensangrienta con su propia mano los brazos y los hombros, manteniéndolos a plomo; cuando una mujer dando alaridos arrastra sus rodillas por las calles, cuando un anciano vestido de lino y llevando una rama de laurel y una lámpara en pleno día proclama a gritos el enojo de alguno de los dioses, vosotros acudís inmediatamente y escucháis, y cebando el mutuo estupor, afirmáis ser él un enviado de los dioses».

XXVII

He aquí a Sócrates, que del fondo de aquella cárcel que él purificó con su entrada y la hizo más honorable que cualquiera curia, proclama: «¿Qué es esta furia? ¿Qué ley de cosa enemiga de los dioses y de los hombres es esta de infamar las virtudes y violar las cosas santas con malévolos razonamientos? Si podéis, alabad a los buenos; si no podéis, pasad de largo. Pero, si os place ejercitar esta tétrica licencia, arremeted los unos contra los otros; pues, cuando con insana furia os alzáis contra el cielo, no digo que cometéis sacrilegio, sino que perdéis el trabajo. Yo mismo una vez fui por Aristófanes sujeto de escarnio; todo aquel hato de poetas satíricos me roció con sus sales envenenadas; mi virtud quedó esclarecida con aquellos mismos vituperios que la atacaban, pues a la virtud le conviene ser expuesta al público y probada; ni nadie comprende mejor su grandeza que aquellos que, hostigándola, experimentaron su reciedumbre; la dureza de la sílice de nadie es más conocida que de los que la labran. Yo me presento no de otra manera que un risco señero y solo en un mar sembrado de arrecifes que las olas de dondequiera vinieren no cesan de batir, y no por eso lo mueven un punto de su lugar ni lo acaban de roer, por tantos siglos, con los embates de su marea asidua. Acometedme, asaltadme: venceros he con mi paciencia. Todo aquello que ataca las cosas firmes e invencibles, solo para su mal ejecuta su fuerza; buscad, pues, alguna materia blanda y dócil en la que se hinquen nuestros dardos. Mas vosotros tenéis holgura para escudriñar los males ajenos y pronunciar sentencia de cualquiera: "¿Por qué este filósofo habita en vivienda muy holgada? ¿Por qué aquel cena opíparamente?". Notáis las pequeñas erupciones cutáneas de los otros, y pululáis de innumerables úlceras. Esto es igual que si uno ridiculizara los lunares y verrugas de los más hermosos cuerpos, y a él se lo come una sarna rabiosa. ¡Objetáis a Platón que pedía dinero, a Aristóteles que lo aceptó, a Demócrito que lo descuidó, a Epicuro que lo malgastó; a mí mismo me reprocháis a Alcibíades y a Fedro; alcanzaréis la máxima felicidad cuando acaeciere que podéis imitar nuestros vicios! ¿Por qué, con mejor acuerdo, no examináis vuestros males, que por todos lados os carcomen, los unos cundiendo por fuera, los otros quemando vuestras entrañas? No llegaron las cosas humanas a tal estado, por más que vosotros tengáis el vuestro mal conocido, que os quede asaz holgura para flechar vuestra lengua en vituperio de los mejores».

XXVIII

No entendéis eso vosotros, que presentáis un aspecto distinto del que a vuestra fortuna correspondía, como tantos otros que mientras se están regodeando en el circo o en el teatro tienen el muerto en su casa, del cual no les trajeron la mala nueva. Mas yo, mirando desde muy arriba, veo qué tempestades os amagan, que pronto van a romper la nube, o ya cercanas se acercan más y más para arrebataros a vosotros y a vuestras cosas. ¿Pero qué he dicho? ¿No es cierto que ahora mismo, aunque poco lo sintáis, un torbellino envuelve y arremolina vuestras almas que huyen y buscan las mismas cosas y ora son levantadas a las mayores alturas, ora regolfadas y rebatidas contra el suelo...?

(Laguna).

De la constancia del sabio

I

No sin razón osaré decir, mi caro Sereno, que entre los filósofos estoicos y los otros que hacen profesión de sabiduría hay la misma diferencia que entre los varones y las hembras, pues, aun cuando el uno y el otro sexo concurran paralelamente a la vida social, el uno ha nacido para obedecer, el otro para mandar. Los restantes sabios son como los médicos caseros que forman parte de nuestra servidumbre y curan los cuerpos enfermos con flojedad y blandura y no siguen el tratamiento más eficaz y más rápido sino el que pueden simplemente. En cambio, los estoicos, entrados en camino fragoso que requiere esfuerzo viril, no cuidan que parezca ameno a los que caminan por él, sino que nos liberte cuanto antes y nos conduzca, por estas asperezas, a aquel alto asiento que se empinó tan fuera del alcance de cualquier agresión, que puja y descuella gallardamente por encima de la fortuna. «Mas los caminos a que se nos llama son ásperos y barrancosos». ¿Y qué? ¿Es por veredas planas que se va a la altura? Pero no son tan quebrados estos caminos como algunos piensan. Solas las entradas son pedregosas y ásperas y con apariencia de intransitables al modo que algunos parajes montuosos vistos de lejos suelen parecer escarpados y unidos, como sea que la distancia engañe la vista, pero después, acercándose, aquello que el error de perspectiva amontonaba en un bloque macizo va abriéndose poco a poco y aquello que de lejos parecía un despeñadero se descubre, al llegar, que es una apacible cañada. Poco ha que recayendo nuestra plática sobre M. Catón, mal sufrido, como eres, de toda injusticia, te indignabas de que tan poco le hubiera comprendido la época en que vivió, porque sobresaliendo sobre los Pompeyos y los Césares le había colocado por debajo de los Vatinios. Y se te antojaba cosa indigna que en pleno foro le hubiesen despojado de la toga al impugnar una ley; que desde la tribuna hasta el Arco de Fabio fuese arrastrado en manos de una facción sediciosa, baldonado, escupido, apurando toda suerte de ultrajes de un populacho enloquecido.

II

Te respondí entonces que más justo era que te dolieses en nombre de la república de quien P. Clodio por una parte, Vatinio por la otra y cualquier otro hombre perverso habían hecho objeto de compra y venta; los cuales, poseídos de codicia ciega, no se percataban que mientras vendían, eran vendidos a su vez. Por lo que toca a Catón, te decía que estuvieses tranquilo, porque en el sabio no puede recaer injuria ni afrenta y que en Catón los dioses inmortales nos dieron un dechado más firme del varón sabio que en Ulises y Hércules, héroes de las edades míticas. A estos, nuestros estoicos los proclamaron sabios, invencibles en los trabajos, menospreciadores del placer, vencedores de todos los miedos. Catón no lidió con fieras, cuya persecución toca a cazadores y a gente montesina y agreste, ni acosó monstruos a hierro y a fuego, ni le acaeció vivir en unos tiempos en que pudiera creerse que el cielo se sostenía sobre las espaldas de un hombre. Disipada ya la antigua credulidad y llegado aquel siglo a la más refinada solercia, Catón peleó contra la ambición, mal multiforme, contra el hambriento e inmenso deseo de poder, que ni aun el mundo repartido entre tres bastó a saciarlo, contra los vicios de una ciudad que degeneraba y se hundía al agobio de su propio peso; peleó solo, y tanto como podía hacerlo un solo brazo de un mortal, detuvo a la república en su caída hasta que, a la postre, arrastrado y arrancado con ella, quiso acompañarla en su derrumbamiento, impedido largo tiempo por él; y de esta manera murieron, ambas a una, aquellas dos instituciones indisolubles; pues ni Catón vivió en muriendo la libertad ni la libertad vivió en muriendo Catón. ¿Piensas tú que a tal varón pudo hacer injuria el pueblo, despojándole de la pretura o de la toga y porque roció de salivazos aquella su cabeza veneranda? Seguro está el sabio y ni injuria ni ultraje pueden afectarle en lo más mínimo.

III

Me parece que veo tu espíritu sulfurado y corajoso y que te preparas para decir a voz en cuello: «Esto es lo que quita crédito a vuestra doctrina: prometéis cosas grandes y tales que no solamente no se pueden desear, pero ni siquiera creer. Después de haber proclamado con gran énfasis que el sabio no puede ser pobre, no negáis que suele faltarle esclavo, cobijo, comida; tras de haber negado que el sabio no puede caer en demencia, no negáis que puede estar enajenado y emitir conceptos poco cuerdos y que se atreva a todo aquello a que le forzare la violencia de la enfermedad; habiendo negado que el sabio sea esclavo, admitís que puede ser vendido y ejecutar las órdenes de su amo y abajarse a los menesteres más serviles: así que de la cumbre a que os encaramasteis descendéis tan abajo como los demás, habiendo mudado solo los nombres de las cosas. Algo así sospecho que sucede en lo que decís, hermoso y magnífico ciertamente a primera vista, a saber, que el sabio no puede recibir injuria ni afrenta. Pero importa mucho saber si situáis al sabio más allá de la indignación o de la injuria. Si me decís que la soportará con gallardía de ánimo, no tiene ningún privilegio, pues le ocurre una cosa ordinaria, la paciencia, que se aprende con la continuidad de recibir injurias; pero, si me dices que no puede recibir injuria, esto es, que nadie ha de intentar injuriarlo, entonces lo dejo todo y me hago estoico». Yo no me propuse adornar al sabio con honor imaginario y puramente verbal, sino ponerle en tal lugar donde no llegue ninguna injuria. ¿Y qué? ¿No habrá nadie que le arañe; que le provoque? Nada hay en la naturaleza tan sagrado que no dé con un sacrílego; pero no dejan de estar en lugar sublime las cosas divinas porque existan quienes arremeten contra una grandeza que no podrán tocar; tan lejos de su alcance está colocada. Invulnerable es no aquello que no puede ser herido sino aquello que no puede ser mellado. Por esta señal te daré a conocer al sabio. ¿Es dudoso, por ventura, ser más segura la fuerza que no es vencida que no la que no es atacada, porque incierto es el brío no probado y con razón se tiene por firmísima aquella reciedumbre que repele todas las acometidas? Así sepas que es de mejor temple el sabio a quien ninguna injuria daña, que no el que no recibe ninguna. Yo llamaré valiente a aquel a quien las guerras no abaten, ni le atemoriza la proximidad del enemigo, y no a aquel otro que se regodea en ocio pingüe en medio de pueblos abúlicos. Lo que yo digo es que el sabio no está sujeto a ninguna injuria; y así no importa el número de flechas que le disparen, porque a todas es impenetrable. Así como la dureza de muchas piedras es inexpugnable al hierro, y el diamante no puede cortarse ni herirse ni mellarse, sino que rechaza instantáneamente todos los cuerpos que le atacan; y así como otros cuerpos incombustibles que no les puede el fuego consumir, antes conservan su entereza y su forma en medio de las llamas; y al modo que los altos riscos quiebran la braveza del mar y no muestran huella alguna de la tenaz violencia con que son batidos desde tantos siglos, así es de sólida el alma del varón sabio y ha recogido tanta energía que está tan seguro de la injuria como esos objetos que acabo de referir.

IV

«¿Pues qué? ¿Faltará alguno por ventura que intente hacer injuria al sabio?». Lo intentará, pero no llegará a él este conato de injuria; porque le hallará a tal distancia del contacto de los seres inferiores que ninguna fuerza dañosa podrá hacer llegar hasta él su acción. Y, aun cuando los poderosos, los elevados en el mando, los que se sienten fuertes con la unanimidad de sus esclavos intentaren dañarle, sus ataques quedarán tan sin fuerza y tan lejos de la sabiduría como los proyectiles que tiran en alto las hondas o las máquinas, que luego que se perdieron de vista se precipitan hacia abajo, muy lejos de haber tocado el cielo. ¿Piensas tú que aquel rey estúpido que con una nube de saetas ofuscó el día llegó con alguna de ellas a ofender el sol; o que con las cadenas que echó en el mar aherrojó a Neptuno? De la misma manera que el cielo está exento de las manos del hombre y que en nada dañan a la divinidad los que arrasan templos y funden las estatuas, así todo lo que la protervia, la arrogancia, la soberbia hacen contra el sabio no pasan de tentativas frustradas. «Pero mejor fuera que ninguno intentara hacerle ofensa». Cosa difícil deseas al linaje humano: la inocuidad. Que la injuria no se haga, interesa a aquellos que han de hacerla, no ciertamente a aquel que, aunque se haga, no puede padecerla. Hasta te diré que no sé si el sabio muestra más claramente su fuerza manteniéndose tranquilo en medio de los ataques, al modo que la mayor prueba de la superioridad de un general en material y en hombres es la completa seguridad con que se mantiene en suelo enemigo.

V

Distingamos, si te parece, mi caro Sereno, la injuria del ultraje. La primera es, por su naturaleza, más grave; más leve el otro; grave solamente para los delicados, porque él no hiere a los hombres sino que los ofende. Pero es tanta la disolución y la vanidad de los espíritus que algunos no hallan cosa más cruel. Hallarás algún esclavo que quiera más ser azotado que abofeteado y juzgará más tolerables la muerte y los vergajazos que las palabras ofensivas. Se ha llegado a tan grande desatino que no ya el dolor sino la opinión del dolor nos atormenta, al modo de los niños a quien ponen miedo la sombra, una máscara fea, un rostro sañudo y les sacan lágrimas los nombres desapacibles al oído y los movimientos de los dedos y otros espantajos que los hacen huir por temor de una acometida inesperada. La injuria se propone hacer mal a alguien, pero la sabiduría no deja lugar al mal, porque para ella no hay otro mal si no es la torpeza, la cual no tiene entrada donde una vez entraron la virtud y el honor. Si no hay, pues, injuria sin mal ni mal sin torpeza y la torpeza no puede llegar a quien está ocupado en cosas honestas, la injuria no llega al sabio. Porque, si la injuria es sufrimiento de algún mal y si el sabio no puede sufrir ninguno, no afecta al sabio ninguna injuria. Toda injuria es una disminución de aquel en quien cae y nadie puede recibir injuria sin algún detrimento o de la dignidad o del cuerpo o de las cosas que están fuera de nosotros. Pero el sabio no puede perder cosa alguna, porque las tiene todas firmemente colocadas en sí mismo y de ninguna de ellas hizo entrego a la fortuna. Todos sus bienes están en seguridad, puesto que se contenta con la virtud, que no ha menester nada fortuito y así no puede crecer ni menguar. Porque aquello que llegó a perfección colmada, no tiene lugar para ningún aumento, y la fortuna no quita sino lo que ella dio. Y, como no da la virtud, por eso no la quita. La virtud es libre, inviolable, inconmovible, incontrastable y de tal manera endurece contra los golpes del azar que no puede ser ni torcida ni mucho menos vencida. Afronta mirándolos de hito en hito los más espantables aparejos; no hace mudanza su rostro ora se le muestren sucesos duros, ora prósperos sucesos. Así que nada perderá el sabio de lo que le pueda causar sentimiento; porque no posee nada más que la virtud, de la cual no puede ser desahuciado nunca y de las demás cosas no tiene sino una posesión precaria, y ¿quién se lamenta de la pérdida de lo ajeno? Si, pues, la injuria no puede damnificar ninguna de las cosas que son del sabio, porque están aseguradas en la virtud, no puede hacerse injuria al sabio. Demetrio, Poliercetes de sobrenombre, había tomado la ciudad de Magara y habiendo preguntado al filósofo Estilbón si había perdido alguna cosa: «Ninguna —respondió—; todas mis cosas están conmigo». Y es de saber que su patrimonio había sido saqueado y el enemigo se había llevado sus hijas y su patria había pasado a potestad ajena; y el rey le interrogaba de lo alto de su carro de triunfo, rodeado de las armas del ejército vencedor. Pero él le arrebató la victoria de las manos y en una ciudad cautiva se demostró no solo invicto, sino indemne. Quedaban en su poder los verdaderos bienes en quienes no pueden las manos hacer presa, y los que le habían sido disipados y robados no los tenía por suyos, sino por adventicios y dóciles a los antojos de la fortuna; y por eso no los amaba como propios; pues de todo lo que está de la parte de afuera, la posesión es frágil e insegura.

VI

Juzga ahora si un ladrón, o un calumniador, o un vecino insolente, o un rico cualquiera ejerciendo aquella suerte de realeza que da una vejez huérfana de hijos puede hacer injuria a quien ni la guerra ni el enemigo, y tal enemigo, ducho en el glorioso arte de arrancar ciudades de cuajo, pudieron arrebatarle nada. Entre las espadas por todas partes relumbrantes y entre el tumulto militar del botín, entre las llamas y la sangre y las ruinas de una ciudad entrada a saco, entre el derrumbamiento fragoroso de los templos que se desplomaban encima de sus dioses, solo un hombre conservó la paz. No hay, pues, razón para que juzgues atrevida la promesa que te hice, porque, si tuvieres de mí poco crédito, te daré fiador. Y, si te cuesta creer en tanta firmeza y tanta grandeza de espíritu en un hombre, él mismo saca el pecho y dice: «No hay por qué dudes de que quien nació hombre puede elevarse sobre la condición humana y contemplar serenamente los dolores, los daños, las tribulaciones, las heridas, los seísmos que rugen a su alrededor, y soportar apaciblemente las cosas duras y con moderación las prósperas, sin rendirse por aquellas ni confiar en estas manteniéndose siempre él mismo en tanto tropel de azares y no teniendo por suyo sino a sí mismo y aun esto en la parte que es mejor. Aquí estoy yo mismo para serte ejemplo: bajo este destruidor de tantas ciudades, hiéndanse las murallas al embate del ariete; desmorónense súbitamente las torres altaneras por minas o por cavas subterráneas; crezcan sus baluartes hasta igualar las más altas ciudadelas; mas no podrá hallarse máquina alguna que conmueva al alma bien fundada. Me he librado de las ruinas de mi casa y he huido en medio de la sangre y las llamas que de todas partes estaban relumbrando. No sé qué destino habrá tocado a mis hijas ni si este es peor que el de mi patria; solo, viejo y viendo en derredor mío cómo todo me es hostil, no obstante, afirmo que toda mi herencia queda íntegra e incólume: conservo, retengo todo lo que tuve mío. No tienes por qué juzgarme vencido ni que te creas vencedor; ha sido tu fortuna la que ha vencido la mía. No sé en dónde están las cosas caducas que varían de dueño; por lo que toca a mis cosas, conmigo están y estarán conmigo. Aquí los ricos perdieron sus patrimonios; los libidinosos, sus amores y sus amigas amadas al precio carísimo del pudor; los ambiciosos, la curia y el foro y los lugares consagrados al ejercicio público de todos los vicios; los usureros perdieron los registros donde la avaricia falsamente alegre anota riquezas imaginarias; pero yo conservo enteros e intactos todos mis bienes. Pregunta a estos que lloran, que se lamentan, que para defender su dinero oponen sus pechos desnudos a las espadas desnudas y a los que huyen del enemigo con el halda colmada». Ten, pues, por cierto, oh Sereno, que el varón perfecto, lleno de virtudes humanas y divinas, nada pierde. Sus bienes están cercados de murallas sólidas e inexpugnables. No las compares con los muros de Babilonia, en que penetró Alejandro, ni con las defensas de Cartago o de Numancia, que tomó una misma mano, ni con el Capitolio y su ciudadela, que tiene señales de los enemigos. Las murallas que defienden al sabio están seguras del fuego y del asalto; ningún portillo ofrecen porque son excelsas, inexpugnables, iguales a las moradas de los dioses.

VII

No tendrás razón, si dijeres, como sueles, que este nuestro sabio no se halla en parte alguna. No fabricamos de balde este ornamento huero del ingenio humano ni soñamos grandiosamente la imagen de una cosa falsa, sino que tal como la presentamos, la exhibiremos si bien raramente, uno solo por ventura, entre anchos espacios de siglos, porque las cosas grandes que exceden de lo acostumbrado y vulgar no nacen cada día. Además, recelo que este mismo M. Catón que dio motivo a nuestra disputa no sea superior a este ejemplar de ahora. Y, finalmente, aquello que lesiona ha de ser más fuerte que lo lesionado; pero la maldad no es más fuerte que la virtud; no puede, por tanto, el sabio ser ofendido. La injuria contra los buenos no puede ser intentada sino por los malos; entre los buenos hay siempre paz, mientras que los malos son tan dañosos a los buenos como a sí mismos. Y, si solamente el más débil puede ser herido y el malo es más débil que el bueno y el bueno no ha de temer la injuria sino de su semejante, no puede la ofensa recaer sobre el varón sabio. Porque no tengo que advertirte de nuevo que no hay otro que sea bueno sino el sabio. «Si Sócrates —dice— fue condenado injustamente, recibió injuria». Aquí conviene que entendamos que muy bien puede acontecer que alguno me haga injuria y que yo no la reciba; como si alguien hurtase alguna cosa de mi granja y me la pusiese en mi casa; este tal cometió hurto, pero yo no perdí nada. Puede uno ser dañador aunque no dañe; como si un casado se acostase con su mujer pensando que es la mujer de otro; este será adúltero, sin que su mujer lo sea. Alguien me propinó veneno, pero mezclado con la comida perdió su malignidad; este tal, con darme el veneno, se hizo reo de un delito, aunque no consiguió intoxicarme; y no es menos asesino aquel cuyo puñal fue eludido presentándole la capa. Todos los crímenes, aun antes de la ejecución, son consumados por lo que atañe a la culpa. Determinadas cosas son de tal condición y andan de tal manera trabadas que la una no puede estar sin la otra. Veré de expresar más claramente lo que digo. Puedo mover los pies sin correr; pero no puedo correr sin mover los pies; puedo estar en el agua sin nadar; pero si nado no puedo menos de estar en el agua. De esta misma calidad es aquello de que tratamos; si recibí una injuria, fue menester que se me hiciese; si se me hizo, no es menester que yo la recibiese. Pueden presentarse muchas circunstancias que desvíen la injuria; un azar puede abatir la alta y fiera mano armada para herir y desviar la dirección del proyectil; así también, cualquier acaso puede repeler toda suerte de injurias e interceptar su camino, de tal manera que sean hechas, pero no recibidas.

VIII

Además de esto, la justicia no puede sufrir lo injusto, porque las cosas contrarias no se compadecen; pero la injuria no puede hacerse sino injustamente; luego al sabio no se puede hacer injuria. Y no hay de que te admires si ninguno puede hacerle injuria, pues tampoco nadie le puede favorecer. Al sabio nada le falta que pueda recibir en lugar de dádiva y el malo nada puede darle digno del sabio; es necesario primero tener que dar; pero el malo nada tiene de cuya adquisición pueda el sabio alegrarse. Ninguno, pues, puede dañar al sabio o beneficiarle porque las cosas divinas ni desean ayuda ni temen detrimento, y el sabio está muy próximo a los dioses y excepto en la mortalidad es semejante a Dios. Con su esfuerzo por caminar hacia aquellas cosas excelsas, reguladas, intrépidas y que discurren con curso igual y concorde, seguras, benignas, nacidas para el bien público, saludables a sí y a los demás, nada abyecto codiciará, ni deplorará nada. Aquel que estribado en la razón pasare por los casos humanos con ánimo divino no tiene lugar donde recibir injuria. ¿Piensas que solo de parte de los hombres no puede recibir injuria? Pues digo que tampoco de la fortuna, la cual siempre que con la virtud tuvo encuentros, nunca se retiró igual a ella. Si aun aquella prueba suprema, fuera de la cual ya no queda amenaza alguna ni a las leyes irritadas ni a los dueños cruelísimos, y en la cual la fortuna termina su imperio, la recibimos con ánimo plácido e igual sabiendo que la muerte no es un mal y por ende ni una injuria tampoco, con mucha mayor facilidad llevaremos todas las demás contrariedades, daños, dolores, afrentas, ignominias, mudanzas de lugares, duelos de familia, separaciones; todas las cuales cosas, aunque cercaren al sabio, no le anegan ni sus acometimientos, uno por uno, le dejan mohíno ni desabrido. Si soporta con moderación las injurias de la fortuna, ¡cuánto más las de los hombres poderosos, sabiendo que son los instrumentos de ella!

IX

Así, pues, el sabio sufre todas las cosas como el rigor del invierno, la destemplanza del cielo, como las fiebres y las enfermedades y los otros accidentes fortuitos. Ni de cualquiera juzga tan favorablemente que piense que obró por consejo de la razón, cosa que sucede en el sabio solamente. En todos los otros no hay consejos de la razón, sino fraudes, asechanzas e ímpetus de pasión desordenada que él cuenta entre los casos fortuitos; todo lo fortuito se ensaña fuera de nosotros y en los seres inferiores. Piensa también cuán anchuroso campo hay para la injuria en aquellas cosas en que estamos expuestos a peligro, verbigracia, un acusador instigado, unos cargos calumniosos, unos poderosos en contra nuestra irritados y todas las bellaquerías que se estilan entre gentes de toga. También es muy frecuente la injuria de sustraer la ganancia a otro, o un premio procurado con tenacidad, o una herencia captada con trabajo grande o se pierde el favor de una casa opulenta que te procuraba buenos logros. De todo esto se escapa el sabio, que no sabe vivir ni para la esperanza ni para el miedo. Añade a esto que ninguno recibe injuria sin alteración de ánimo, sino que cuando la siente se perturba; mas no siente esta perturbación el varón libre de errores, dueño de sí mismo, ensimismado en profunda y plácida quietud. Y, si la injuria le tocara, le movería y le inquietaría; mas el sabio carece del enojo que despierta la apariencia de injuria; y no podría carecer de enojo si no careciese de injuria que él sabe que no puede hacérsele. De ahí se sigue el mantenerse tan recio y alegre, exaltado por un gozo continuo. Y de tal manera no se doblega a las ofensas de las cosas y de los hombres, que la misma injuria le es útil para hacer experiencia de sí y poner su virtud a prueba. Acatemos, os ruego, con silencio respetuoso este intento y prestemos el alma aparejada y el oído atento a esta doctrina por la cual el sabio se exime de la injuria. No por eso se quita nada de vuestra arrogancia ni de la suma rapacidad de vuestras codicias, ni de la ciega temeridad de vuestra soberbia; dejando vuestros vicios en seguro, consigue el sabio esta liberación. No nos esforzamos para que a vosotros no os sea lícito hacerle injuria, sino porque él la lance al abismo y se defienda con su paciencia y con grandeza de alma. Así, en los juegos sagrados, la mayor parte de las victorias se han obtenido fatigando con obstinada paciencia las manos de quienes pegaban. Piensa tú que es el sabio del linaje de aquellos que con un ejercicio largo y constante consiguieron la fortaleza de resistir y fatigar toda la violencia del enemigo.

X

Puesto que hemos recorrido toda la primera parte, pasemos a la segunda, donde haremos ver la inanidad del agravio con algunas razones propias y otras comunes. El agravio es menos que la injuria y de él más nos podemos quejar que vengarlo, puesto que las mismas leyes no le juzgaron digno de castigo. La pusilanimidad mueve esta pasión que se encoge por algún hecho o dicho deshonroso: «No me admitió hoy Fulano, habiendo admitido a otros», o bien: «Torció el rostro a mis razones o en público se rio de ellas», y: «A la mesa no me colocó en medio, sino en un extremo», y otras cosas de alcance igual, las cuales ¿cómo las llamaré sino quisquillas de un ánimo agriado? En estas impertinencias no caen sino los delicados y los felices, pues no les queda tiempo para notarlas a los que tienen más activas preocupaciones. Los espíritus que de su natural son flacos y mujeriles y que con el demasiado ocio lozanean, como carecen de auténticas injurias se alteran con estas, cuya mayor parte consiste en la culpa de quien las interpreta. Así que el que con el agravio se altera hace demostración de que no tiene pizca de prudencia ni de confianza, pues sin vacilación ninguna se conceptúa despreciado; y este remordimiento no se da más que en un espíritu ruin que se empequeñece y se rebaja. Mas el sabio de nadie es despreciado, puesto que conoce su grandeza y está convencido que nadie tiene tal poder sobre sí, y a todo eso que yo no llamaría miserias, sino molestias del alma, no solo lo vence pero ni lo siente siquiera. Otras cosas hay que hieren al sabio, aunque no le derriban, como el dolor corporal, la flaqueza de la salud o la pérdida de los amigos, de los hijos, o la calamidad de la patria abrasada de guerras. No niego que el sabio siente estas cosas, porque no le atribuimos la dureza de las piedras o del hierro. No existe virtud que no sienta la fuerza de los embates. ¿Cómo es, pues? Recibe algunos golpes pero los vence, y los cura y los calma. Mas aquellas otras picadurillas no solo no las siente, sino que ni siquiera se vale de su acostumbrada virtud de resistirlas; no repara en ellas o las juzga por cosa de reír.

XI

Además de esto, como la mayor parte de los agravios los causan los soberbios y los insolentes y los que se avienen mal con su felicidad, el sabio cuenta para rechazar aquella pasión tumefacta con la salud del alma, con la magnanimidad, que es la más hermosa de todas las virtudes. Ella pasa por encima de todas estas cosas como por hueras fantasías de sueños y por fantasmas nocturnos que no tienen ni realidad ni consistencia. Y se persuade al mismo tiempo que todos ellos son excesivamente pequeños para tener la osadía de menospreciar aquello que por encima de ellos tanto sobrepuja. La *contumelia* se deriva de *contemptus*: desprecio, porque nadie tilda con tal injuria sino a aquel a quien menospreció y ninguno desprecia a quien tiene por mayor y mejor que él aunque haga algo de aquello que suelen hacer los menospreciadores. Porque también los niños dan golpes a la cara de sus padres; y el mamón desgreña y arranca los cabellos de su madre, la escupe y descubre delante de todos lo que ha de estar tapado y no se abstiene de palabras obscenas; y a ninguna acción de estas la llamamos contumelia. ¿Por qué? Porque el que la hace no puede despreciar. Y esta es la causa porque también nos divierte la procacidad de lengua de nuestros esclavos contra sus dueños, cuya audacia, puesto que comenzó en el señor, se extiende en último término a los convidados. Cuanto más despreciado y ridículo es un hombre, así es más lenguaraz. Y para este efecto algunos compran jóvenes esclavos procaces y aguzan su desvergüenza y aun le dan maestro, quien les enseña a proferir baldones premeditados; y a esos no los llamamos agravios, sino agudezas. ¡Qué gran desvarío es holgarse u ofenderse con estas chocarrerías y tener por insulto lo que dice un amigo y llamar bufonería a lo que dice un pequeño esclavo!

XII

La misma disposición de ánimo que tenemos para con las cosas de los niños, esa misma la tiene el sabio para todos aquellos que mucho después de la juventud y la aparición de las canas están en la puerilidad. ¿Han medrado algo, por ventura, estos que tienen todos los defectos de la edad pueril y acrecentados mucho más sus errores, estos que no difieren de los niños más que por la estatura y la forma del cuerpo y por lo demás, no menos tornadizos e inciertos, apetecedores del placer sin elección, espantadizos y jamás aquietados por la reflexión sino solamente por el miedo? Nadie dirá que entre ellos y los niños haya alguna diferencia sino en aquello de que estos tienen codicia de dados, nueces y pequeñas moneditas, y aquellos tienen sed de oro, de plata, de ciudades; los niños juegan entre sí a magistrados e imitan las pretextas, los haces, el tribunal; y los grandes en el Campo de Marte, en el Foro y en el Senado juegan seriamente a las mismas cosas; los niños a la orilla del mar con montoncitos de arena levantan simulacros de casas; y los grandes, como quien hace una gran cosa, se ocupan en levantar piedras y paredes y techos que inventados para defensa de los cuerpos, convierten en peligro lo que nació para seguridad de los cuerpos. Iguales son, pues, los niños y los que avanzaron en edad, pero el error de estos es en cosas de mucha mayor monta. Así que, no sin causa, el sabio recibe las injurias de estos como juegos y algunas veces, como si fueran niños, los amonesta con el mal y con el castigo, no porque él haya recibido injuria, sino porque la hicieron ellos y para que desistan de hacerla. Del mismo modo a las bestias se las doma a azotes y no nos enojamos con ellas cuando rehúsan al jinete sino que les ponemos el freno para que el castigo venza la rebeldía. Con esto sabrás que queda solventada la objeción: «¿Por qué el sabio si no recibió injuria ni ultraje castiga a los que se los hacen?». El sabio no se venga de ellos sino que los corrige.

XIII

¿Y por qué razón no has de creer que el varón sabio es capaz de esta firmeza de espíritu, cuando te es fácil notarla en otros, aunque no por la misma causa? ¿Qué médico se enoja con el frenético? ¿Quién toma a mal los insultos del calenturiento a quien se le deniega el agua fresca? La misma disposición tiene el sabio para con todos que para con sus enfermos el médico, que no se desdeña de tocar las partes verendas, ni examinar las deyecciones y los excrementos, si necesitan remedio, ni se enfada por escuchar los baldones de quienes el furor pone fuera de sí. Harto conoce el sabio que todos estos que andan con toga y púrpura, como si tuvieran buena salud, son enfermos barnizados de sanos y como a tales los mira, desposeídos de templanza. Por eso no se enfada si a presas con su dolencia se avilantan a decir algo contra el que los cura; y, como hace poca estimación de sus lisonjas, la hace también de sus vituperios. Y así como no se complacerá con las honras que le hiciere un pordiosero ni tomará tampoco a injuria si un hombre de la ínfima plebe a quien saludó no le devuelve la cortesía, así tampoco se estimará en más porque los ricos le estimen, pues sabe que en ninguna cosa se diferencian de los mendigos, antes son más desdichados, porque los pobres necesitan de poco y los ricos de mucho; y no se afectará si el rey de los Medos o un Átalo de Asia corresponde a su saludo con desdeñoso silencio y con gesto displicente y altanero. Sabe que su estado no tiene nada que envidiar a aquel a quien en una gran familia le tocó en suerte el cuidado de guiar el rebaño de esclavos enfermos y locos. ¿Por ventura me molestaré de la grosería de algunos de estos que actúan en el templo de Cástor, en compraventa de esclavos pervertidos, y cuyas tiendas rebosan de sirvientes de la peor laya? No, según creo. ¿Qué tiene de bueno este sujeto bajo cuyo poder no hay nadie que no sea malo? Pues así como no hace caso de la cortesía y de la descortesía de ese ganapán, de la misma manera de la del rey: tienes bajo tu mando a los partos, a los medos, a los bactrianos, a los que contienes con el miedo, por causa de los cuales no puedes aflojar el arco por ser enemigos tuyos ceñudos, venales y deseosos de mudar de dueño. Con ninguna injuria se alterará el sabio, porque, por más que sean todos ellos diferentes, el sabio les conceptúa iguales por la igualdad de su mentecatez. Porque si una vez se abatió tanto que se alterase con la injuria o el agravio, ya no podrá nunca más estar seguro; siendo así que la seguridad es un bien del sabio enajenable, el cual nunca cometerá el error de que, creyendo haber recibido agravio del ofensor, venga a darle honra; pues necesariamente aquel de quien uno se molesta de ser menospreciado, se ha de holgar de verse en buena estima.

XIV

Hombres hay poseídos de estolidez tan grande que juzgan poder recibir afrenta de una mujer. ¿Qué importa cómo es la que tienen, cuántos son los portantes de su litera, qué carga de pendientes cuelga de sus orejas, cuánta anchura tiene su silla? No por eso es menos imprudente animal y si no se les arrimó mucha ciencia y copiosos estudios, es una fiera, que no pone templanza en sus caprichos. Algunos se molestan de los toscos modales de los peluqueros y tienen por ofensa la inaccesibilidad del portero, la soberbia del nomenclátor, el ceño torvo del camarero. ¡Oh qué grandes carcajadas deben hacernos levantar esas ridiculeces y cómo se debe henchir de satisfacción el ánimo de quien contempla su propia tranquilidad y el hormiguero pululante de los errores ajenos! «¿Pues qué? ¿No se acercará el sabio a las puertas que asedia un portero desabrido?». Si una necesidad se lo demanda, lo intentará, y sea el portero que fuere, le amansará como a un perro mordedor con alguna torta soporífera y se resignará a hacer algún gasto para traspasar los umbrales, pensando que también en los puentes el tránsito se paga. También con algún regalillo ablandará a aquel otro, fuere quien fuere, que señaló un impuesto a las visitas: él sabe comprar lo que está para venderse en el escaparate. Ruin es quien se ufana de haber hablado con libertad al portero, de haberle roto la vara, de que entró al dueño y pidió para él una azotaina. El que porfía con el portero se hace competidor del portero y para vencerle se puso a la altura del portero. «¿Qué hará, pues, el sabio herido por una bofetada?». Lo que hizo Catón cuando fue golpeado en la cara: no se sulfuró, no vengó la injuria, ni siquiera la perdonó, sino que negó que se le hubiese hecho. Mayor ánimo fue no reconocerla que perdonarla. No nos detendremos mucho en esto; porque ¿quién hay que ignore que estas cosas que se tienen por buenas o por malas no parecen al sabio lo mismo que a los otros? No atiende a lo que los hombres tienen por vergonzoso o ruin, no va allí donde va la turba, sino al modo que las estrellas siguen una ruta contraria a la del cielo, así él procede contra la opinión de todos.

XV

Dejad, pues, de decir: «¿No recibirá el sabio injuria si le pegan, si le arrancan un ojo? ¿No recibirá afrenta si es acosado en el foro por los denuestos de los libertinos? ¿Si en un banquete del rey se le mandare sentar en el puesto ínfimo de la mesa y comer con los esclavos encargados de los menesteres más ignominiosos; si se le obliga a sufrir alguna otra de aquellas cosas que solo pensadas ofenden el pudor de cualquier hombre honesto?». Por más que tales cosas crecieren en nombre y en magnitud, serán siempre de la misma naturaleza. Si no le afectan las cosas pequeñas, tampoco las grandes le afectarán; si no le afectan las pocas, tampoco le afectarán las muchas. Según nuestra pequeñez, sacáis la medida de un alma grande, y, habiendo calculado lo poco que vosotros podéis sufrir, ponéis un poquito más allá la capacidad de paciencia del sabio; pero a él, su virtud le colocó en otros confines del mundo, sin que tenga cosa que sea común con vosotros. Busca las asperezas y todas las pesadumbres difíciles de tolerar, y que deben hurtarse al oído y a la vista: su multitud no le abrumará, y, como resistió a cada una, resistirá a su conjunto. Aquel que dice que tal cosa es tolerable para el sabio y tal otra intolerable; y acota dentro ciertos límites la grandeza de su espíritu, hace mal. La fortuna nos vence, si no la vencemos toda. No vayas a creer que esto sea dureza estoica. Epicuro, a quien vosotros tomáis por patrón de vuestra apatía y pensáis que os enseña doctrina muelle y floja, conducente al placer, dice: «Raras veces la fortuna coge de sorpresa al sabio. ¡Qué pena le costó emitir una sentencia varonil! ¿Tú quieres hablar con más recio acento y excluirla radicalmente? Esta casa del sabio, angosta, sin adornos, sin ruido, sin aparato, no está guardada por porteros que impongan turno en la muchedumbre de visitantes con displicencia venal; pero por este umbral vacío y libre de porteros no pasa la fortuna; sabe que no hay nada para ella allí donde sabe que no hay cosa que sea suya».

XVI

Y si aun el mismo Epicuro, sobrado indulgente con el cuerpo, se yergue con brío contra las injurias, ¿a quién esto mismo, entre nosotros, puede parecer increíble o puesto fuera de la posibilidad de la naturaleza humana? Él dice que las injurias son llevaderas al sabio; nosotros decimos en redondo que no hay tales injurias. Y no hay razón por que digas que esto repugna a la naturaleza. No negamos que es cosa desagradable recibir azotes, empellones, sufrir la carencia de algún miembro, pero negamos que estas sean injurias; no les quitamos la sensación del dolor, sino el nombre de injuria; que no se puede recibir mientras la virtud quede ilesa. Veremos cuál de los dos habla con mayor verdad; ambos a dos convienen en el desdén de la injuria. ¿Preguntas la diferencia que hay entre uno y otro? La misma que hay entre dos valentísimos gladiadores, uno de los cuales aprieta entre las manos la herida y se mantiene en su puesto, mientras el otro mira al pueblo clamoroso y da a entender que no es nada y no consiente que interceda en su favor. No pienses que es cosa grande en lo que discordamos. Aquello de que se trata, que es lo único que os interesa, lo recomiendan uno y otro ejemplo, a saber, el desdén de las injurias y de los agravios que yo llamaría sombras y sospechas de injurias, para cuyo menosprecio no es menester un varón sabio, sino cuerdo, que se pueda decir a sí mismo: Esto ¿me sucede merecida o inmerecidamente? Si merecidamente, no es agravio, sino justicia; si inmerecidamente, la vergüenza de la injusticia ha de sufrirla quien cometió la injusticia. ¿Y qué es aquello que se llama agravio? ¿Que bromeaste con mi calvicie, con mi miopía, con la delgadez de mis piernas, con mi estatura? ¿Qué suerte de agravio es este de oírse decir lo que está a la vista de todos? Nos reímos de lo que se dice delante de uno y nos indignamos si se dice delante de muchos, y no concedemos a los otros el derecho de decir aquellas cosas que acostumbramos decirnos nosotros mismos. La moderada burlería nos divierte; el inmoderado donaire nos enoja.

XVII

Refiere Crísipo que uno se indignó contra otro porque le llamó *carnero marino*. Y en el Senado vimos llorar a Fido Cornelio, yerno de Ovidio Nasón, porque Corbulón le llamó *avestruz pelado*. Frente a otros denuestos que infamaban su vida y sus costumbres, su frente se mantuvo firme; y con este tan absurdo se le cayeron las lágrimas; tan grande es la flaqueza del ánimo cuando se aparta de la razón. ¿Y qué decir si aun nos ofendemos cuando alguno remeda nuestra habla o nuestro andar, o si escarnece algún vicio nuestro del cuerpo o de la lengua? ¡Como si estos defectos se manifestaran más con remedarlos otros que con tenerlos nosotros! De mala gana oyen algunos hablar de vejez y de canas y otras cosas a las cuales se desea llegar; a otros les enrojeció la mención de su pobreza, que se echa en cara a sí mismo quienquiera la esconde; así que a los guasones y a los chocarreros se les quita todo pretexto de burlerías y donaires si tú antes ridiculizares tus propios defectos. Nunca dio lugar a que se riesen de él quien primero se rio de sí mismo. Ha quedado constancia de que Vatinio, hombre nacido para la risa y el odio, fue un truhan donairoso y decidor. Él mismo zahería sus pies y su garganta llena de lamparones; de este modo se libró de la fisga de sus enemigos, que los tenía más numerosos que sus achaques, y, sobre todo, de la urbana mordacidad de Cicerón. Vatinio consiguió esto con su cara dura, y con los continuos denuestos aprendió a no avergonzarse; ¿por qué no podrá conseguirlo también el que con nobles estudios y con el cultivo de la sabiduría alcanzó a hacer algún progreso moral? Añade a esto que es un cierto linaje de venganza sustraer al que hizo la injuria el sutil deleite de haberla hecho. Luego suelen decir: «¡Sin ventura yo! Pienso que no debió de entenderlo». Tan cierto es que el fruto de la injuria consiste en el sentimiento y la indignación de quien la recibió. Por otra parte, un día u otro encontrará la horma de su zapato; entonces dará con quien te vengue a ti y todo.

XVIII

Calígula, entre otros vicios de que abundaba, estaba dominado por un extraño prurito de picar a cada uno con una palabra cáustica; él, que era materia tan abonada para risa; tanta era la fealdad de su palidez que daba indicios de locura; tanta la torcedura de sus ojos solapados debajo de una frente de vieja; tanta la deformidad de su cabeza pelada, sembrada de cabellos ralos; añade a todo esto un cerro erizado de cerdas y la delgadez de sus piernas y la enormidad de sus pies. Sería el cuento de nunca acabar si quisiere referir cada una de las burlas que hizo contra sus padres, contra sus abuelos, contra gente de toda laya; solo referiré aquellas anécdotas que fueron causa de su ruina. Asiático Valerio fue uno de sus amigos preferidos, hombre violentísimo, incapaz de sufrir con paciencia los agravios. Pues a este, en un banquete, que equivale a decir en plena asamblea, en alta voz, le echó en rostro las actitudes de su mujer en el coito. ¡Oh justos dioses, que esto lo oiga todo un hombre, que lo sepa el príncipe, y que su licencia llegue a tanto que descubra, no digo a un varón consular, no a un amigo, sino a cualquier marido, su adulterio y su asco! Querea, tribuno militar, tenía una voz no indicada para su cargo, lánguida de timbre, y, si no conocieras la virilidad de sus hechos, hasta sospechosa. A este, pues, todas las veces que le pedía el santo y seña, Calígula le daba unas veces el nombre de Venus, otras el de Príapo, notando de muelle a un militar armado; y esto lo hacía él, que se envolvía en tejidos transparentes, delicadamente calzado y con brazaletes de oro. Le forzó, pues, a empuñar el hierro para no tener que pedirle nunca jamás la consigna: él fue el primero entre los conjurados que levantó la mano; él, que le hirió en medio de la nuca; luego de todos lados surgieron infinitos puñales a vengar las injurias públicas y las privadas; pero el que primero demostró ser varón fue el que no lo parecía. Y ese mismo Calígula cualquier cosa tenía por ofensa; hasta tal grado no las pueden sufrir los más ganosos de hacerlas. Se enojó con Herennio Macrón porque le saludó con el nombre de Gayo; ni quedó sin castigo el cabo de los centuriones porque le dijo Calígula, siendo este el nombre y no con ningún otro con que se le solía llamar en el ejército, habiendo nacido en los campamentos y criádose entre legiones; pero una vez que hubo calzado el coturno juzgaba por oprobio y afrenta el mote soldadesco de Calígula. Nos servirá, pues, de consuelo cuando nuestra mansedumbre prescindiere de la venganza el pensar que no faltará quien castigue al lenguaraz, soberbio e injurioso; vicios que no agotan su virus en un solo hombre ni en una ofensa sola. Pongamos los ojos en los ejemplos de aquellos cuya paciencia alabamos, como Sócrates, que tomó a buena parte y riéndolas las sátiras que públicamente le tiraban en las comedias, no menos que cuando su mujer, Xantipe, le roció con agua sucia. A Antístenes se le reprochaba ser su madre extranjera y tracia; él respondió que la madre de los dioses era del monte Ida.

XIX

No hay que descender al terreno de la riña y de la pendencia. Hay que huir muy lejos de ellas, por más que nos provoquen los insolentes (porque solo los insolentes pueden hacerlo); hay que desdeñarlos y hacer estima igual de los honores y de las injurias del vulgo. Ni por estas nos hemos de doler ni alegrarnos por aquellos; de otra manera, dejaremos de hacer muchas cosas necesarias por miedo de las ofensas o por despecho de haberlas recibido y no acudiremos a los servicios indispensables, así públicos como privados; y alguna vez faltaremos a los oficios saludables si nos acongoja una aprensión femenil de oírnos decir algo que nos desanime; y aún alguna otra vez, airados contra los poderosos, descubriremos este afecto con destemplada desenvoltura. No consiste la libertad en no padecer nada; eso es un error. La libertad consiste en sobreponer el alma a las injurias y en hacerse tal que de sí mismo venga todo aquello de que ha de gozarse; en desencarnarse de todas las cosas exteriores por no tener que llevar la vida sobresaltada de quien teme la fisga y las lenguas de todos. Porque ¿quién hay que no pueda hacer una ofensa, si puede hacerla cada uno? Pero el sabio y el aspirante a la sabiduría usarán de diferentes remedios. A los imperfectos y a los que se dejan conducir por el juicio de la turba, se les debe advertir que tienen que vivir entre injurias y afrentas. Las contrariedades son más soportables para quienes las esperan. Cuanto más aventajado fuere uno en linaje, en fama, en hacienda, tanto más valeroso se ha de mostrar, recordando que los primeros grados militares luchan en primera línea. Las afrentas, las palabras injuriosas, los baldones y restantes denuestos súfralos como vocería de enemigos y como tiros lejanos y como piedras que sin hacer herida zumban en derredor de los cascos; a las injurias más grandes aguántelas, como heridas, dadas unas en las armas y las otras hincadas en el pecho; no derrocándose a tierra y sin mover un pie de su puesto. Aunque te apriete y te presione duramente el enemigo, es vergonzoso ceder: defiende el puesto que te señaló la naturaleza. ¿Me preguntas qué puesto es este? El de varón. Para el sabio hay otro auxilio contrario a este; porque vosotros estáis en la pelea; y él tiene ya ganada la victoria. No hagáis resistencia a vuestro bien, y, mientras llegáis a la verdad, alentad en vuestro espíritu esta esperanza, aceptad de buena gana las más altas doctrinas y ayudadlas con vuestra opinión y con vuestros deseos: que haya alguien que sea invencible, que haya alguien en quien nada pueda la fortuna, es un interés de la gran república del linaje humano.

De la brevedad de la vida

I

La mayor parte de los mortales, oh Paulino, se queja de la malignidad de la naturaleza, por habernos engendrado para un tiempo tan breve y porque este espacio de tiempo que se nos dio se escurre tan velozmente, tan rápidamente, de tal manera que, con excepción de muy pocos, a los restantes los destituye de la vida cuando para ella hacen su aparejo. Y no es sola la turba y el vulgo imprudente que gimen de esto que creen un mal común; también este sentimiento ha provocado quejas de claros varones. De ahí viene aquella sentenciosa exclamación del príncipe de los médicos: La vida es breve; el arte, largo. De ahí también aquella acusación indigna de un hombre sabio que hizo a la naturaleza Aristóteles, en lid con ella, a saber: que solo a los animales les otorgó vida con mano tan larga que la prolongan por cinco o diez siglos, y que al hombre, en trueque, engendrado para tantas y tan grandes cosas, la circunscribió hacia aquende en término tan angosto. No es que tengamos poco tiempo, sino que perdemos mucho. Asaz larga es la vida y más que suficiente para consumar las más grandes empresas si se hiciera de ella buen uso; pero cuando se desperdicia en la disipación y en la negligencia; cuando a ninguna cosa buena se dedica, al empuje de la última hora inevitable, sentimos que se nos ha ido aquella vida que no reparamos siquiera que anduviese. Y es así: no recibimos una vida corta, sino que nosotros la acortamos; ni somos de ella indigentes, sino manirrotos. Así como las riquezas, aun copiosas y regias, si vinieron a poder de un mal dueño, en un momento se disipan; pero confiadas a un buen administrador, aunque módicas, se acrecientan con su mismo uso, así también nuestra vida es harto espaciosa para quien la dispone buenamente.

II

¿Por qué nos quejamos de la naturaleza? Benignamente se comportó; es larga la vida, si de ella sabes hacer buen empleo. A uno, insaciable avaricia le señorea; a otro, hacendosa diligencia en tareas inútiles; el uno rezuma vino; el otro languidece en la inercia; fatiga a un tercero la ambición colgada siempre del juicio ajeno; a un cuarto, la temeraria codicia de un negocio que con el señuelo de la ganancia le lleva por todas las tierras y todos los mares. A algunos atormenta el prurito de las batallas y nunca cesan de preparar peligros ajenos y de ansiarse por los propios; y no faltan quienes en el ingrato obsequio de los superiores se consumen en servidumbre voluntaria. A muchos abrevió la vida la envidia de la fortuna ajena o el afanoso cuidado de la propia; los más, sin objetivo fijo, flotan asendereados de aquí para allá en proyectos siempre nuevos por una ligereza vaga, inconstante y consigo misma displicente. A muchos no les agrada ninguna dirección que puedan dar a su vida; y el destino los sorprende, marcescentes y soñolientos, hasta el punto de no dudar de la certidumbre de aquello que, a estilo de oráculo, dijo el más grande de los poetas: Pequeña es la parte de vida que vivimos; pues todo el otro restante espacio, tiempo es, que no vida. Los empujan y los rodean por todos lados los vicios y no les permiten erguirse ni levantar los ojos a la contemplación de la verdad, sino que los tienen sumidos y atollados en los fangares de las concupiscencias y nunca les consienten tornar a sí. Y si, por ventura, en alguna ocasión les acaece alguna calma, como sucede en alta mar, en donde tras el viento queda la mareta sorda, andan fluctuando sin que jamás sus pasiones les den estable reposo. ¿Piensas que hablo yo de aquellos cuyos males son públicamente conocidos? Fija más aún tu atención en aquellos otros que atraen a todos a la admiración de su felicidad: en sus propios bienes se ahogan. ¡Para cuántos son pesadas las riquezas! ¡A cuántos la elocuencia, a fuerza de ostentar ingenio cada día, los hizo expectorar sangre! ¡Cuántos palidecen por sus voluptuosidades continuas! ¡A cuántos la densa y apeñuscada turba de los clientes no les deja un momento de respiro! Recórrelos todos, en fin, desde los más bajos a los que más se empinan: este reclama defensa, este la da, aquel peligra, aquel aboga, aquel sentencia; nadie se pertenece a sí mismo, cada cual se consume por otro. Infórmate de aquellos cuyos nombres se aprenden de coro y verás que son conocidos por estas señas: este rinde servicios a aquel, aquel a este; nadie es para sí. Finalmente, muy desatinada es la indignación de algunos: ¡se quejan del desdén de sus superiores porque no tuvieron holgura de recibirlos cuando a ellos se querían acercar! ¿Osa alguno quejarse de la altanería de otro que no tiene un momento para sí? Y, sin embargo, aquel personaje, seas tú quien fueres, con insolente rostro alguna vez te miró, inclinó sus orejas a tus palabras, te admitió a su lado y, en cambio tú, no te dignas ni mirarte ni oírte. No hay, pues, por qué tener por merecimientos delante de alguien haberle hecho objeto de estas oficiosidades, porque es cierto que cuando lo hacías no era porque quisieses estar con otro, sino porque no podías estar contigo.

III

Aunque en esto solo convinieron todos los ingenios que en cualquier tiempo brillaron, nunca acabarán de admirar esta ceguera del alma humana: no sufren los hombres que nadie ocupe sus posesiones, y, si surge la más pequeña diferencia acerca de la fijación de los confines, acuden a las piedras y a las armas; pero toleran mansamente que los otros invadan su vida y hasta son ellos mismos quienes introducen a sus futuros detentadores. No se encuentra a nadie que quiera repartir su dinero; pero su vida, cómo cada cual la distribuye entre muchos. Son parcos en la guarda del patrimonio; pero así que se llegó a la pérdida del tiempo, son sumamente pródigos de aquel bien, único en que es honorable la avaricia. Así que me place reprender a alguno de la turba de los viejos: «Vemos que llegaste a lo postrero de la vida humana. Cien o más años te agobian; pues bien: llama a cuentas a tu existencia; computa qué porción de este tiempo se te llevó el acreedor, qué porción la amiga, qué porción el rey, qué porción el cliente, qué porción tomaron las pelamesas con tu mujer, qué parte la corrección de los esclavos, qué parte las caminatas por la ciudad en cumplimiento de los deberes de la cortesanía; añade a esta suma las enfermedades que tú mismo provocaste; añade el tiempo que sin provecho discurrió, y verás cómo tienes más pocos años de los que cuentas. Haz memoria de cuántas veces perseveraste en el propósito, de cuántos días transcurrieron con la destinación que les asignaste, de cuándo sacaste provecho de ti mismo, de cuándo tu rostro mantuvo su tranquila dignidad, de cuándo tu alma no sucumbió a la cobardía, de cuántas obras terminaste en tan largo plazo de vida, de cuántos te la defraudaron sin que tú sintieses la pérdida, cuánto de ella te restó el dolor vano, la necia alegría, la codiciosa avidez, la conversación complaciente, y cuán poco se te dejó de lo que era tuyo. Entonces comprenderás que tu muerte es prematura». ¿Cuál es la causa de todo esto? Que vivís como si tuvierais que vivir siempre; que nunca os viene a las mientes la idea de vuestra fragilidad; que no medís el tiempo que ya ha transcurrido: lo perdéis como si tuvierais un repuesto colmado y abundante; cuando, por ventura, aquel mismo día de que hacéis donación a un hombre o a una cosa será para vosotros el último. Teméis todas las cosas como mortales, y todas las deseáis como inmortales. Oirás a muchos que dicen: «A los cincuenta años me retiraré al descanso, y a los sesenta dimitiré mis cargos». ¿Y qué garantía tienes de tan larga vida? ¿Quién te autorizará para que esto pase como te propones? ¿No te avergüenzas de reservarte los desperdicios de la vida y destinar al cultivo de la cordura no más del tiempo que a ninguna otra cosa puede ya consagrarse? ¡Oh, cuán extemporáneo es comenzar a vivir cabalmente cuando ha de dejarse de vivir! ¡Qué necio olvido no es de nuestra mortalidad diferir para los cincuenta o los sesenta años los sanos consejos, y querer datar el comienzo de la vida desde una fecha a la cual pocos llegaron!

IV

Verás cómo de la boca de los hombres más influyentes y encumbrados caen expresiones que dan a entender cómo desean el reposo, cómo lo encarecen, cómo lo anteponen a cualesquiera otra suerte de bienes. Entretanto, ansían apearse de aquella altura, si pueden hacerlo con seguridad; porque la fortuna, sin que ningún embate desde fuera la sacuda ni ninguna conmoción interna la haga crujir, se rinde a su propia pesadumbre. El divino Augusto, a quien los dioses favorecieron con mayor largueza que a otro mortal alguno, no cesó nunca de desearse el reposo y de pedir la franquía de los cuidados de la república. Todas sus conversaciones siempre volvían a esta idea fija de augurarse el descanso; con esta esperanza, aunque ilusoria siempre halagüeña, consolaba sus cuitas, a saber, que alguna vez iba a vivir para sí. En cierta carta enviada al Senado en la cual prometía que su ocio no perdería dignidad ni desdiría de su gloria primera, hallé estas palabras: «Pero estas cosas más bellas son de hacer que de prometer; no obstante, el anhelo de este asueto y vocación tan deseada me impele a saborear por anticipado un poco de dulzura de las palabras, ya que la alegría de la realidad está lejana todavía». Felicidad tan apetecible se le antojaba el reposo, que ya que no podía gozarlo, se lo tomaba con el pensamiento.

Aquel hombre que veía pendientes de él todas las cosas, a quien la fortuna hacía árbitro de hombres, de naciones, con ilusión pensaba en aquel día en que se despojaría de su onerosa grandeza. Sabía por experiencia cuánto de sudor y de fatiga costaban aquellos bienes que por todas las tierras resplandecían y cuán gran número de cuitas secretas ocultaban. Obligado a empuñar las armas primero contra los ciudadanos, luego contra sus colegas, por fin contra sus parientes, había derramado sangre por tierra y por mar. Llevado por la guerra a Macedonia, a Sicilia, a Egipto, a Siria, a Asia y a casi todas las riberas del mundo, dirigió sus ejércitos, ahítos de sangre romana, a guerras exteriores. Mientras apacigua los Alpes y domeña a los enemigos que se habían infiltrado a perturbar la paz y el imperio, mientras promueve sus fronteras allende el Rin y el Éufrates y el Danubio, en la misma Roma aguzábanse contra él los puñales de Murena, de Cepión, de Lépido, de Egnacio y de otros. No bien se había librado de estas celadas, su hija y tantos jóvenes nobles ligados por el adulterio como por un juramento aterrorizaban su ya cascada edad; Julo entre ellos y el renovado temor de aquella mujer ayuntada con Antonio. Había ya amputado estas úlceras juntamente con los miembros; nacían otras; a la guisa de un cuerpo pletórico de sangre, por una parte u otra siempre se rompía. Por eso deseaba el reposo; esperándolo y pensando en él, se aligeraban sus trabajos. Este era el deseo de un hombre que podía colmar los deseos de todos los hombres.

V

M. Cicerón, asendereado entre los Catilinas y los Clodios, entre los Pompeyos y los Crasos, en parte enemigos manifiestos, en parte amigos dudosos, mientras fluctúa a par de la república y la detiene en el desfiladero y a la postre con ella arrebatado al precipicio, ni quieto y tranquilo en las prosperidades, ni paciente en las adversidades, ¡cuántas veces hubo de abominar de aquel consulado suyo, celebrado por él no sin razón, pero sin mesura! ¡Qué flébiles alaridos no lanza en una carta a Ático, cuando vencido ya Pompeyo, padre, todavía el hijo atizaba en Hispania el ardor de sus armas derrotadas! «¿Me preguntas —dice— qué hago? Voy pasando tiempo en mi Túsculo, libre a medias». Añade, después, otras cosas en las que deplora la edad pasada, se queja de la presente y desespera de la venidera. Libre a medias se proclama Cicerón; pero, a fe mía, jamás un sabio se abatirá a tomar un adjetivo tan deprimente; jamás será libre a medias; siempre su libertad será maciza y total, suelto y dueño de sí y más elevado que los otros. ¿Qué cosa hay que pueda estar encima de aquel que está por encima de la fortuna?

VI

Livio Druso, varón acerado y violento, habiendo con sus leyes nuevas promovido la sedición de los Gracos, rodeado de una ingente multitud venida de toda la Italia, no previendo el resultado de una empresa que ni podía llevarse adelante ni de ella desistir una vez comenzada, cuentan que maldiciendo su vida agitada desde sus principios, dijo que él era el único a quien ni aun de muchacho le tocó día de fiesta o asueto. Y así era; estando todavía bajo tutor y vestido de pretexta, se atrevió a recomendar reos a los jueces e interpuso en el foro su influencia, por cierto con eficacia tal que consta que algunos juicios fueron notoriamente impuestos por él. ¿Hasta dónde no se descomediría tan agraz ambición? Era previsible que una audacia tan precoz había de reportar males sin cuento, privados y públicos. Tardíamente, pues, se quejaba de no haber disfrutado de vacación alguna desde su niñez, si cuando muchacho era sedicioso y peligroso en el foro. Se discute si él mismo se quitó la vida, pues cayó súbitamente abatido por una gran herida en la ingle; no falta quien duda si su muerte fue voluntaria; pero nadie duda que fue oportuna. Superfluidad es recordar a otros muchos que pareciendo a los otros felicísimos dieron de sí testimonio verídico, maldiciendo el drama de su vida; pero estas quejas no cambiaron a nadie ni aun a sí mismos, pues, una vez que las palabras han sido proferidas, el corazón recae en los añejos hábitos. Vuestra vida, a fe mía, por más que pasare de mil años, se contraerá a un espacio brevísimo: porque estos vicios devorarían todos los siglos; mas, estotro espacio, que aunque la naturaleza lo pase corriendo, la razón lo dilata, forzosamente se os escurrirá muy de prisa, pues que vosotros no lo asís ni le retenéis ni conseguís retardar la más veloz de todas las cosas, sino que dejáis que corra, como cosa superflua y recobrable.

VII

Entre los primeros cuento a aquellos que a ninguna otra cosa se dedican sino al vino y al placer; nadie hay tan vergonzosamente ocupado como ellos. Los otros viciosos, aunque les encante el señuelo de la vanagloria, yerran, no obstante, con alguna apariencia de dignidad; nómbrame los avaros, si quieres; nómbrame los iracundos, los que ejercitan odios o guerras injustas, todos estos pecan con una virilidad mayor; pero de los que se sumieron en la glotonería o en la lujuria, la mancilla es deshonrosa. Averigua el uso que de su tiempo hacen esos tales; observa cuánto tiempo invierten en calcular, cuánto en acechar, cuánto en temores, cuánto en obsequiosidades; cuánto tiempo les llevan los pleitos ajenos y los propios, cuánto tiempo dilapidan en banquetes, que ya vienen a ser deberes para ellos, y verás cómo no les dejan lugar a respiro ni los males ni los bienes. Finalmente, convienen todos en que ninguna profesión puede ser bien practicada por el hombre ocupado, ni la elocuencia, ni las artes liberales, siendo así que el espíritu ajetreado no profundiza nada, sino que todo lo regolda como hombre harto. El hombre agobiado de quehaceres en nada se ocupa menos que en vivir, y eso que la ciencia del vivir es la más difícil. Maestros de las otras artes se encuentran arreo y en profusión; algunas de ellas, se han visto niños que tan bien las habían aprendido que estaban en disposición de enseñarlas; pero de vivir se ha de aprender toda la vida, y lo que acaso te sorprenderá más, toda la vida se ha de aprender a morir. Muchos varones de los de mayor categoría, habiendo dejado todos los estorbos y renunciado a las riquezas, cargos y placeres, esto solo procuraron hasta su más provecta vejez, poseer la ciencia de la vida; y con todo, los más de ellos dejaron la vida confesando que aún no la sabían: ¡cuánto menos esos la sabrán! Es, créeme, propio del varón más eminente, del que puja su cabeza sobre todos los errores humanos, no dejar que caiga en el vacío la más pequeña partícula de su tiempo; y por eso su vida es sumamente larga, por cuanto dedicó toda su dimensión a su propio cuidado. Por ende, nada quedó inculto ni baldío, nada cedió a otro, porque, guardián parsimonioso, nada halló con qué cambiar su tiempo. Por eso, tuvo el suficiente; pero era inevitable que faltase a aquellos de cuya vida la gente se llevó una gran parte. Y no pienses que ellos alguna vez no comprendan su daño; y no obstante oirás a los más de aquellos a quienes una gran felicidad agobia exclamar de tanto en tanto entre las piaras de sus clientes, el ajetreo de los procesos y otras miserias honorables: «No se me da lugar a vivir». ¿Y cómo había de dársete lugar? Todos aquellos que te llaman en defensa suya te sustraen de ti. Aquel acusado, ¿cuántos días te quitó? ¿Cuántos aquel candidato? ¿Cuántos aquella vieja, cansada de enterrar herederos? ¿Cuántos aquel que se fingía enfermo para irritar la avaricia de los que le cortejaban la herencia? ¿Cuántos aquel amigo poderoso que te festeja no por amistad, sino por ostentación? Computa, vuelvo a decirte, y repasa los días de tu vida; verás cómo son harto pocos y aun de desecho los que te quedaron. Fulano, después de haber conseguido las haces, desea arrimarlas y dice a menudo: «¿Cuándo se acabará este año?». El otro da juegos cuyo turno tuvo a gran suerte que le tocase, y exclama: «¿Cuándo me escaparé de ellos?».

Tal abogado es empujado al foro por un gran gentío, y a más de los que pueden dice a voz en cuello: «¿Cuándo vendrán las vacaciones?». Todos precipitan su vida, y hastiados del presente son acuciados del deseo del futuro. Pero aquel que gasta todo su tiempo en su personal utilidad, que dispone como una vida compendiosa cada uno de sus días, ni desea ni teme el mañana. ¿Qué placer inédito puede reportarle una nueva hora? Todo es ya conocido, todo gustado hasta la saciedad. Lo restante lo dispondrá a su antojo la fortuna veleidosa; la vida ya está asegurada. Podrá añadírsele algo; sustraérsele, nada; y aún añadírsele como un nuevo bocado a quien ya está lleno y harto, que, como no le apetece, lo toma con diente displicente. Por lo tanto, no has de decir que Fulano vivió mucho porque tiene canas o arrugas; no vivió mucho, sino que duró mucho. ¿Pensarás acaso que ha navegado mucho aquel a quien una brava tempestad le salteó ya a la salida del mismo puerto y le llevó asendereado de aquí para allá y el antojo de los contrarios vientos enfurecidos le hizo girar en un mismo remolino? No, no es que haya navegado mucho, sino que se ha mareado mucho.

VIII

Acostumbro maravillarme de ver cómo algunos piden tiempo, y que aquellos a quien le piden son muy fáciles en darlo. Unos y otros hacen caudal de aquello por lo cual piden el tiempo, pero ninguno hace caudal del tiempo mismo. Se pide como nadería y como nadería se da; se juega con la cosa más preciosa del mundo; y lo que engaña es ser el tiempo incorporal, que no impresiona la vista, y por eso se le tiene por cosa depreciadísima, o mejor, de valor nulo. Con suma complacencia perciben los hombres sueldos anuales y por ellos alquilan su trabajo, sus servicios, su diligencia; nadie estima el tiempo: todos lo malversan como si fuera cosa gratuita. Mas a estos mismos míralos enfermos, los cuales, si les ronda la muerte rondera, se abrazan a las rodillas de los médicos; si temen la pena capital, se muestran dispuestos a dar todos sus bienes a trueque de prorrogar su vida; tanta es la contradicción de sus sentimientos. Y si fuese cosa hacedera proponerles el número de años que les quedan de vida, como se hace con los que ya se han vivido, ¡cómo temblarían los que viesen ya disminuido y cerca ya de agotarse su reserva, y con qué mano tan escasa los administrarían! Es cosa fácil, ciertamente, administrar aquello que, aunque exiguo, es seguro; con ahorro mayor debe guardarse aquello que ignoras cuándo ha de faltarte. No creas, sin embargo, que aquellos hombres ignoran la carestía del tiempo, pues tienen costumbre de decir a quienes aman apasionadamente que de grado por ellos darían una porción de sus años; los dan, pero estúpidamente; los dan de tal manera que se los quitan de sí sin utilidad ajena. Pero ellos mismos ignoran que se los quiten, y por eso les es soportable este desmedro y esta pérdida latente. Nadie restituirá los años; nadie te los devolverá. Irá su camino la edad y no modificará su dirección ni atajará su andadura; ningún ruido hará, ni te dará aviso de su velocidad; avanzará con pies de fieltro. Ni mandato alguno real ni favor de pueblo pondrán su meta más lejos; correrá con la misma prisa con que el primer día se abalanzó a la carrera; no marrará, no se detendrá. ¿Y qué ocurrirá? Que tú estás descuidado y la vida se apresura; y entretanto se presentará la muerte, a cuyo poder, quieras, no quieras, has de pasar.

IX

¿Aprovecha a alguno el tiempo de los hombres, de aquellos, digo, que se precian de prudentes? Están harto intensamente ocupados para que puedan vivir mejor; ordenan la vida a expensas de la misma vida; urden sus planes para un plazo largo, siendo así que la dilación es la quiebra máxima de la vida. Ella suprime siempre el día actual y, bajo promesa de tiempos futuros, defrauda los presentes. La rémora mayor de la vida es la espera que depende del día de mañana y pierde el de hoy. Dispones de aquello que está en manos de la fortuna y das suelta a lo que está en la tuya. ¿Adónde miras? ¿Hasta cuándo haces cuenta vivir? Todo lo que está por venir se asienta en terreno inseguro: vive desde ahora. Oye cómo clama el mayor de los poetas, quien, como inspirado por divina boca, canta aquel verso saludable:

El mejor día de la vida es el que huye el primero de los míseros mortales.

«¿Por qué vacilas —dice—, por qué te detienes? Si no le atrapas, huye». Y, si le atrapas, huirá también; así que hay que contender en rapidez con la celeridad del tiempo útil; hay que beber a toda prisa de ese torrente raudo, que no siempre ha de correr. Y es de notar que muy hermosamente, para reprobar la vacilación interminable, no dice el poeta la mejor edad, sino el mejor día. ¿Por qué tú, amodorrado en medio de tan rapidísima carrera del tiempo, te prometes con tanta seguridad meses y años en serie prolija, al capricho y a la medida de tu avidez? De un día te habla el poeta, y aun de un día fugitivo. ¿Y quién duda sino que el día mejor, que es siempre el primero que se goza, huye de los mortales míseros, es decir, frívolamente atareados? La vejez agobia sus años pueriles todavía, a la cual llegaron impreparados e inermes; nada previeron; bruscamente, y sin pensarlo, cayeron en ella, pues no sentían cómo iba ella cada día acercándose con pie quedo. Así como una conversación o una lectura o una preocupación intensa engañan a los que van de camino y se dan cuenta de que llegaron antes de que se acercaron, así también este continuado y velocísimo viaje de la vida que dormidos o en vela andamos a paso igual, no le perciben los atareados, sino al fin de la jornada.

X

Si yo quisiera distribuir en partes y argumentos lo que he propuesto hasta ahora, se me ocurrirían muchas razones y probanzas de que es sumamente corta la vida de los atareados. Acostumbraba decir Fabiano, que era todo un filósofo, no de los profesionales que sientan cátedra, sino de los auténticos y antiguos, que contra las pasiones se ha de luchar no con impetuoso denuedo, sino con astucia sutil, pero que su hueste ha de ponerse en fuga no con pequeños ataques, sino con amplias cargas; que no bastan las estratagemas, pues es menester aplastarlas, no pellizcarlas. No obstante, para reprobar a los hombres su error hay que ilustrarlos y no simplemente compadecerlos. En tres épocas se divide la vida: la que fue, la que es y la que será; de estas tres, la que vivimos es breve; la venidera es dudosa; la que hemos vivido es cierta e irrevocable. Contra esta última perdió la fortuna todos sus derechos, puesto que no puede volver a voluntad de nadie. Esta pierden los ocupados estérilmente, pues no tienen espacio para mirar atrás, y si lo tienen, les es desabrido el recuerdo de aquello de que han de arrepentirse. Es a la fuerza, pues, que vuelven el ánimo al tiempo mal empleado y no se atreven a recordarlo porque sus vicios, aun en aquellos que el halago del placer entonces presente disimulaba, la evocación los pone en evidencia. Nadie, nunca, sino aquel que siempre obró bajo su propia censura que no se engaña jamás, de grado se tuerce a mirar el tiempo que pasó. Fuerza es que tema sus propios recuerdos aquel que ambiciosamente codició muchas cosas, que fue desdeñoso con altanería, que no se moderó en la victoria, que traicionó a mansalva, que arrebató con avaricia, que malversó con despilfarro. Pero esta es la parte de nuestro tiempo sagrada e irrenunciable, exenta de todas las eventualidades humanas, sustraída al imperio de la fortuna, imperturbable a los ataques de la pobreza, del miedo, de las enfermedades. Esta no puede ser ni perturbada ni arrebatada; su posesión es perpetua y limpia de toda zozobra. Solo uno por uno y aun a momentos, son presentes los días; pero todos los días del tiempo pasado, cuando se lo mandareis, acudirán a vuestro emplazamiento, y dócilmente se presentarán a vuestro examen, y en él se detendrán todo el tiempo que quisiereis; pero para esto no tienen holgura los absortos en nonadas y fruslerías. Es propiedad del alma segura y sosegada discurrir por todos los tiempos de la vida; el espíritu de los atolondrados, como que están bajo el yugo, no se puede doblar ni mirar atrás. Su vida, pues, se va escurriendo en un hondón, y así como por más líquido que viertas nada aprovecha si debajo no hay un recipiente que lo recoja y lo conserve, así tampoco importa nada el caudal de tiempo que se te dé si no hay donde se deposite: se escurre a través de las grietas del alma trabajada. El tiempo presente es brevísimo, por manera que algunos han negado su existencia, pues siempre está en curso, siempre fluye y se precipita; antes que llegue ya deja de ser y no admite parada, no menos que el universo y las estrellas, cuya agitación siempre inquieta no se detiene nunca en una misma posición. Los atareados no tienen, pues, sino la actualidad, que es tan efímera que no se la puede agarrar, y, ocupados en toda suerte de negocios, aun este mismo se les escapa.

XI

Finalmente, ¿quieres saber cómo no viven largo tiempo? Repara cómo desean vida larga. Los viejos decrépitos mendigan la añadidura de unos pocos años; se fingen más jóvenes de lo que son; se halagan con la blanda mentira de esta lisonja, y tan a gusto se engañan como si, a una, engañasen también los hados. Mas, si algún achaque los amonesta de su mortalidad, se mueren del susto, no como si saliesen de la vida, sino como si de ello a la fuerza se les arrancase. Proclaman su insensatez por no haber vivido, y, si salen de la crisis de aquel trance, dicen querer vivir en la quietud; a la hora comprenden cuán de balde acarrearon lo que no gozaron y cuán en el vacío cayeron todos sus sudores. Y aquellos otros cuya vida discurre alejada de toda baraúnda de negocios, ¿cómo no habrán de tenerla larga? Ni un átomo de ella cedieron a otro; nada disiparon por aquí y allá; nada entregaron a la fortuna; nada se perdió por su negligencia; nada se sustrajo por su prodigalidad; nada les quedó baldío y superfluo; toda entera, por decirlo así, fue puesta a logro. Por ello, por pequeña que sea, es más que suficiente; por ello, cuando viniere el postrer día, el sabio no titubeará en caminar a la muerte con paso recio y firme.

XII

Me preguntarás, por ventura, cuáles son los hombres a quienes llamo atareados. No creas que solo llame así a aquellos a quien hay que echar los perros para que desalojen la sala del tribunal; los que ves estrujados de honores por la turba de sus secuaces o de baldones por la de sus enemigos; aquellos a quienes sacan de su casa los deberes de la cortesía para ir a romperse en los umbrales de la ajena; aquellos a quienes atrae la lanza del pretor con la esperanza de un logro infame que les supurará algún día. Hombres hay para quienes el mismo ocio es atareado; en su quinta o en su lecho, en medio de la soledad, por más que apartados de todos, a sí mismos son insoportables, cuya vida no ha de llamarse vida ociosa, sino ocupación desidiosa. ¿Llamarás tú ocioso a aquel que con escrupuloso mimo acicala y adereza vasos corintios que la manía de algunos hizo preciosos, y consume la mayor parte de los días puliendo láminas que se comió el orín? ¿Aquel que en el departamento donde se engrudan con aceite los adolescentes del gimnasio (porque, ¡oh mengua, ni romanos son nuestros vicios!) se sienta a contemplar los jóvenes combatientes? ¿A aquel que se entretiene en clasificar por edad y color las cabezas de sus yeguadas? ¿A aquel que festeja con banquetes a los atletas triunfantes en la última competición? ¿Qué más? ¿Llamas ociosos a aquellos que pasan muchas horas con el barbero, mientras se les recorta algún pelillo que les nació la noche pasada, echando consejo sobre cada uno de sus cabellos, volviendo a componer la cabellera ya lacia o repartiendo sobre la frente por igual la melena rala? ¿Cómo se enojan si el barbero es un poco negligente, si olvida que está trasquilando a todo un hombre? ¿Cómo se enfurian si cayó algún pelo de su tocado, si algo yace fuera de orden, si todos no caen en sus propios rizos y sortijas? ¿Quién hay de estos que no prefiriera una sedición en la república a un desorden en su atuendo capilar? ¿Quién no anda más solícito de la elegancia de su cabeza que de su salud? ¿Quién no prefiere ser más acicalado que honrado? ¿Ociosos llamas tú a esos hombres que se parten entre el peine y el espejo? ¿Qué te parecen aquellos que laboran prolijamente en componer, oír, aprender tonadillas, que tuercen con las inflexiones de una blandengue melodía la voz viril, cuyo recto uso hizo la naturaleza tan bueno y tan simple; que escanden siempre con el chasquido de sus dedos algún verso que miden entre sí; que tararean siempre a sovoz aun cuando se ocupan de negocios serios y hasta tristes? No tienen estos ocio, sino huero negocio. No pondría yo, a fe mía, entre los ratos de descanso los banquetes de estos hombres, puesto que veo con cuánta solicitud ponen en orden la vajilla de plata, con cuánta diligencia ciñen la túnica de sus espigados donceles, cómo andan preocupados por la manera cómo servirá el jabalí el cocinero, y por la rapidez con que, a una señal, los depilados esclavos corren a sus servicios; por el arte con que serán trinchadas las aves en pedazos no demasiado grandes; por el cuidado con que los infelices esclavos limpian los esputos de los borrachos. Con estas exquisiteces se cobra reputación de esplendidez y de magnificencia, y hasta tal punto acompañan los vicios a tales hombres por todos los trances de la vida que ni beben ni comen sin vanidosa ostentación. Ni tampoco contarás entre los ociosos a quienes se hacen llevar de un lado a otro en silla o en litera y acuden puntualmente a la hora de hacerse llevar de esta manera, como si la no asistencia fuese pecaminosa; ni a aquellos a quienes otro advierte cuándo han de lavarse, cuándo han de nadar, cuándo han de cenar, y hasta tal punto se abandonan a la languidez de su alma delicada que ni aun por sí mismos pueden saber si tienen apetito. Oigo decir de alguno de estos enervados por las delicias —si delicias han de llamarse desaprender la vida y las costumbres humanas— que, al sacársele del baño a peso de brazos y colocarle en la silla, pidió por vía de interrogación: «¿Ya estoy sentado?». ¿Crees tú que ese que no sabe si está sentado sabe si vive, si ve, si está ocioso? No me sería fácil decir si me da más lástima, ignorando realmente aquellas cosas o fingiendo ignorarlas. Experimentan, es cierto, el olvido de hartas cosas; pero de muchas los simulan; algunos vicios les deleitan como si fuesen pruebas de vida feliz; parece ser propio de hombre villano y despreciable saber qué haces. Anda ahora, y cree que los cómicos exageran en exceso cuando ridiculizan nuestra molicie. A lo que yo creo, más cosas dejan que no fingen; y tan adelante llegó la copiosa invención de increíbles vicios de este siglo, en solo esto ingenioso, que ya podemos reprender a nuestros cómicos de negligencia. ¡Que exista un hombre tan disuelto en la molicie que ha de saber por otro si está sentado! Este tal no es un ocioso; otro mote has de imponerle: ese es un enfermo, ese es un muerto. Ocioso es aquel hombre que tiene conciencia de su ocio. Mas ese medio cadáver que ha menester que otro le indique la posición de su cuerpo para saberla, ¿cómo puede ser señor de algún tiempo?

XIII

Fuera tarea muy prolija la de ir siguiendo uno por uno a todos aquellos que consumieron la vida en el juego de tablas o ajedrez o de pelota o en el cuidado de tostarse el cuero a los rayos del sol. No son ociosos aquellos cuyos placeres les dan mucho trabajo. Porque ya no hay nadie que dude que trabajosamente no hacen nada los que se entregan a inútiles estudios literarios, de los cuales hay una gran multitud entre los romanos. Manía fue de los griegos averiguar el número de remeros que tuvo Ulises, si primero fue escrita la *Ilíada* que la *Odisea*, si son del mismo autor y otras cosas de igual monta que si te las guardares para ti en nada ayudan tu íntima conciencia, y, si las revelares, no parecerás más docto sino más enfadoso. He aquí que también a los romanos ha invadido el estéril afán de adquirir conocimientos inútiles. Estos días oí a uno que refería qué había hecho primero que otro cada uno de los caudillos romanos: Duilio fue el primero que venció en batalla naval; Curio Dentato fue el primero que llevó elefantes en su triunfo. Y aun estas cosas, aunque no conduzcan a la auténtica gloria, versan, no obstante, sobre casos ejemplares de civilidad. Provecho ninguno reporta tal erudición, pero nos recrea con la graciosa futilidad de estos conocimientos. Concedamos también que estos curiosos indaguen cuál fue el primero que persuadió a los romanos de subir a una nave. Este fue Claudio, a quien se le dio el apodo de *Caudex* (que vale tanto como código), porque código se llama en latín arcaico la ensambladura de muchas piezas de madera; de donde se llaman código las tablas públicas; y ahora, todavía por costumbre venida de la antigüedad, las naves que llevan por el Tíber las provisiones se llaman *caudicarias*. Y no está, ciertamente, fuera de lugar saber que Valerio Corvino fue el primero que se apoderó de Mesina y el primero también de la familia de los Valerios que, adoptando el nombre de una ciudad tomada, se llamó Mesana, que luego se convirtió en Mesala por una paulatina mutación de letras operada por el pueblo. ¿Permitirás también que alguno de estos eruditos se preocupe de si fue Sila el primero que presentó en el circo leones sueltos, cuando hasta entonces salían atraillados, y que para acabar con ellos envió arqueros el rey Boco? Permítasele esto también. Pero que Pompeyo fuese el primero que en el circo ofreció al pueblo un combate de dieciocho elefantes, lanzando contra ellos un pelotón de hombres inocentes ordenados como en batalla, ¿es de algún provecho saberlo? El primer ciudadano de Roma, varón, como la fama pregonó, de bondad eximia entre los principales ciudadanos de la antigüedad, tuvo por memorable linaje de espectáculo lo que era una manera nueva de hacer morir hombres. ¿Combaten? Es poco. ¿Son heridos? Es poco. Aplastados mueran por bestias de una corpulencia descomunal. Mejor fuera sumir en el olvido estas hazañas, no fuese que conociéndolas luego algún poderoso sintiese envidia y quisiera emular actos nada humanitarios. ¡Oh, con cuánta calígine ofuscó nuestros espíritus una sobrada felicidad! Ya se creyó estar encumbrado sobre la naturaleza, a la hora que lanzó un puñado mísero de hombres contra unas bestias nacidas bajo otro cielo, al concertar luchas entre animales de fuerzas tan dispares, cuando tanta sangre hacía derramar al pueblo romano, a quien harto pronto obligaría a derramar más aún. Pero él mismo, más tarde, traicionado por la perfidia alejandrina, ofreció su pecho para que le traspasara el puñal del último de sus esclavos. En esta ocasión entendió finalmente cuán hueca sonaba la grandeza de su nombre. Mas, para volver al asunto de que me aparté, y demostrar aún, en otro sujeto, cuán superfluo es el atropellado quehacer de algunos; contaba aquel mismo de antes que Metelo, triunfador en Sicilia de los vencidos cartagineses, fue el único romano que llevó ciento veinte elefantes cautivos delante de su carroza triunfal; que Sila fue el último de los romanos que dilató el recinto de la Urbe, ensanche acostumbrado en los antiguos, pero nunca por adquisición de territorio provincial, sino de dentro de Italia. Más aprovecha saber eso que no que el monte Aventino cae fuera del recinto, como aquel afirmaba por una de dos causas, o porque el pueblo se retiró allí o porque Remo, que fue a aquel lugar a consultar las aves, no obtuvo augurio favorable, y otras cosas sin cuento que o están repletas de mentiras o son a las mentiras semejantes. Porque aun concediendo que lo digan de buena fe y que escriben a vista de las pruebas: ¿cuyos errores disimularán?, ¿cuyas pasiones enmendarán?, ¿a quién harán más fuerte, a quién más justo, a quién más liberal? Por eso decía nuestro amigo Fabiano que dudaba si era mejor abstenerse de todo estudio que enredarse con averiguaciones de esta suerte.

XIV

Los únicos ociosos son los que se consagran a la sabiduría; estos son los solos que viven, pues no solamente aprovechan bien el tiempo de su existencia, sino que a la suya añaden todas las otras edades; toda la serie de años que antes de ellos se desplegó es por ellos adquirida. Si no somos ingratos en grado superlativo, hemos de reconocer que los ilustres fundadores de las venerables doctrinas por nosotros nacieron, a nosotros nos prepararon la vida. Por el trabajo ajeno somos iniciados en aquellas hermosísimas verdades que ellos de las tinieblas sacaron a la luz; siglo ninguno nos ha sido vedado, en todos se nos admite, y si nuestra grandeza de espíritu se huelga de salir de las estrecheces de la debilidad humana, mucho tiempo tenemos donde campear y espaciarnos. Permitido nos es disputar con Sócrates, dudar con Carnéades, reposarnos con Epicuro, vencer con los estoicos la naturaleza humana y superarla con los cínicos. Permitiéndonos la naturaleza caminar en compañía de todos los siglos, ¿por qué no entregarnos con toda el alma desde este breve y caduco tránsito del tiempo a aquellas cosas que son inmensas, que son eternas, que nos son comunes con los mejores espíritus? Esos que van siempre atareados a cumplir corteses oficiosidades, que se inquietan a sí y a los otros, cuando hubieren enloquecido de la baraúnda, cuando hubieren cada día recorrido todos los umbrales, sin pasar de largo por delante de ninguna puerta abierta, cuando hubieren repartido sus saludos no desinteresados por las casas más diversas, ¿cuántas personas habrán podido ver en una ciudad tan populosa y agitada por infinitas concupiscencias? ¿Cuántos serán aquellos a quienes el sueño o la lujuria o la dureza de corazón habrán privado de recibirlos? ¿Cuántos los que, tras el tormento de una larga espera, serán desairados, so pretexto de una ocupación urgente? ¿Cuántos evitarán la salida por el atrio atestado de clientes y se escaparán por una puerta falsa, como si no fuese más inhumano engañar que excluir? ¡Cuántos medio dormidos y mustios de la juerga de la noche pasada, al nombre de aquellos infelices que rompieron su sueño por esperar el de otro, a aquel nombre susurrado mil veces a medio labio responderán con un bostezo insolentísimo! De quienes debemos decir que se consagran a deberes auténticos, que con cotidiano afán se esfuerzan por contraer la más estrecha familiaridad con Zenón, con Pitágoras, con Demócrito y restantes caudillos de las buenas doctrinas, con Aristóteles, con Teofrasto. Ninguno de estos labios vacará; ninguno dejará de licenciar a quien a ellos se acercare, más feliz y a él más aficionado; ninguno que permita que de él se parta con las manos vacías; de día y de noche abierta tienen la puerta a todos los mortales.

XV

Ninguno de estos te obligará a morir; pero todos te enseñarán a morir; ninguno te hará perder tus años; antes, cada cual te prestará los suyos; ninguno trabará contigo conversaciones peligrosas; ni te ofrecerá una amistad mortal; ni te hará pagar caro su respeto. Tendrás de ellos todo lo que quisieres; por ellos no se perderá que tomes tanto cuanto pueden contener tus brazos. ¡Qué bienandanza, qué hermosa ancianidad está reservada a quien se alistó en su clientela! Tendrá con quien deliberar de las cosas más pequeñas y de las más grandes, con quien podrá consultar cada día acerca de sí, de quien oirá la verdad sin injuria, de quien sea alabado sin adulación; tendrá un dechado con el cual conformarse. Solemos decir que no estuvo en nuestra mano la elección de nuestros padres, que nos fueron dados por la suerte; pero depende de nuestra voluntad nacer a nosotros mismos. Existen numerosas familias de nobilísimos ingenios. Escoge aquella en la que quieres ser adoptado; su adopción no te dará solo el nombre, sino también los bienes solariegos, que no tendrás que guardar ni sórdida ni malignamente, antes se acrecentarán cuanto mayor fuere el número a quien los distribuyeres. Ellos te abrirán el camino de la eternidad y te situarán en aquella alteza de la cual nadie podrá derrocarte. Esta es la única manera de dilatar nuestra vida mortal, o mejor, de traducirla en inmortalidad. Honores, monumentos, todo lo que impusieron los decretos o que construyó su laboriosa diligencia, pronto se arruina; todo una larga vejez lo demuele y lo aventa; pero ningún daño puede causar a aquello que consagró la sabiduría; ninguna edad lo abolirá, ninguna lo amenguará, la edad siguiente y las edades que después de ella vinieren añadirán veneración mayor a la que ya tenían; puesto caso que la envidia mora en nuestra vecindad y con pureza mayor admiramos las cosas alejadas. Muy espaciosa es, pues, la vida del sabio, y no la encierra el mismo límite que las otras. Solo el sabio está exento de las leyes del género humano; todos los siglos le están sumisos como a un dios. ¿Un tiempo es ya pasado? Él, por el recuerdo, lo actualiza. ¿Es presente? Lo utiliza. ¿Es venidero? Él lo disfruta por anticipación. Larga hace su vida la fusión en uno de los tiempos todos.

XVI

Brevísima es y agitadísima la vida de aquellos que olvidan el pasado, descuidan el presente y temen el futuro; cuando llegan a sus postrimerías, comprenden los cuitados, a deshora, que en sus días se afanaron por no hacer nada. No porque algunas veces invoquen a la muerte has de sacar la probanza de que es larga su vida; su frenesí los agita con pasiones desordenadas, que los empujan a aquello mismo que los amedrenta; hartas veces desean la muerte por lo mismo que la temen. Tampoco has de creer que sea demostración de vida larga el que con frecuencia el tiempo les parezca largo, y que, mientras llega la hora señalada para la cena, se quejan de la pereza con que se arrastra; porque, si alguna vez los dejan el estruendo y el tropel, abandonados en su ocio bullen en vanos hervores y no saben cómo utilizarlo o deshacerse de él. Así, que tienden a alguna suerte de ocupación, y el tiempo intermedio se les hace pesado, de igual manera, a fe mía, que, cuando se anunció un combate de gladiadores, o están en espera de algún otro espectáculo o deporte favorito, querrían saltar por encima de los días intermedios. Larga les resulta la dilación de toda cosa esperada; pero aquel tiempo por que suspiran es breve y precipitado, y aún le abrevia más su propio vicio; por eso se trasladan de un sitio a otro y no pueden detenerse en ningún deseo. No son largos los días para ellos; son aborrecibles; y, al contrario, cuán fugaces les parecen las noches que pasan en brazos de las meretrices o atollados en la embriaguez. De ahí vienen las delirantes invenciones de los poetas, que con sus fábulas autorizan y alimentan los descarríos de los hombres; quienes fantasearon que Júpiter, engolosinado por el deleite del ayuntamiento carnal, duplicó la noche. ¿Qué otra cosa es sino cebar y echar leña a nuestros vicios hacer autores de ellos a los mismos dioses y dar a nuestra morbosa licencia el ejemplo de la divinidad por excusa? ¿Pueden dejar de parecer brevísimas las noches a quienes las compran tan caras? Pierden el día en la expectación de la noche, y pierden la noche con el temor del día.

XVII

Sus mismos placeres son atolondrados y acuciados por temores varios, y en el espasmo de la fruición los asalta este ansioso pensamiento: ¿Eso, cuánto durará? Este sentimiento hizo que los reyes deplorasen su potencia y no hallasen satisfacción en la grandeza de su fortuna; antes se espantaron del fin que algún día habría de sobrevenirlos. Cuando por llanuras sin fin desplegaba sus huestes tan grandes que había que calcularlas no por su número, sino por la extensión de tierras que ocupaban, el insolentísimo rey de los persas derramó lágrimas al solo pensamiento de que, dentro de cien años, nadie quedaría de tanta flor y tanta verdura de juventud; pero era el mismo que lloraba quien había de enfrentarlos con el hado, perdiendo a los unos en el mar, a los otros en la tierra, a los otros en batalla, a los otros en la fuga, exterminando en poquísimo tiempo a aquellos mismos de quienes temía que no vivieran un siglo. ¡Pero si aun sus placeres están inficionados de miedos temblorosos! Porque no se asientan en bases sólidas, sino que la misma vanidad de que nacieron los zarandea y perturba. ¿Cuál crees que es aquel tiempo suyo que ellos mismos confiesan miserable, si hasta ese mismo que los trae engreídos y encaramados por encima de los otros hombres es tan poco verdadero? Los bienes más grandes se poseen con recelo, y ninguna fortuna ha de inspirar más desconfianza que la mejor. La felicidad se ha de defender con otra felicidad, y hay que hacer votos por los votos que ya se cumplieron. Pues todo aquello que viene por azar es inestable, y cuanto más se encumbró más propenso está a la caída. Nadie hay que se contente de aquello que ha de caer; misérrima tiene que ser a la fuerza, y no efímera solamente, la vida de aquellos que con gran trabajo acarrean lo que han de poseer con otro mayor. Con afán consiguen lo que quieren; y poseen lo que tienen con zozobra. Ningún caudal ya se hace del tiempo que no ha de volver; ocupaciones nuevas sustituyen a las viejas; una esperanza aviva otra esperanza; una ambición, otra ambición. No se busca el fin de las malandanzas, sino que se muda su objeto. ¿Nuestros honores fueron nuestros torcedores? Más tiempo nos hurtan los ajenos. ¿Terminamos los trabajos del candidato? Acometemos la elección de otro. ¿Nos hemos sacudido la molestia de la acusación? Aspiramos a la de juez. ¿Se terminó el hacer de juez? Se es presidente del tribunal de crímenes. ¿Fulano envejeció en la administración mercenaria de los bienes de otro? Ahora le absorben los suyos. ¿La sandalia militar jubiló a Mario? Ya ejerce el consulado. ¿Se apresura Quincio a desprenderse de la dictadura? Se le arrancará del arado. Escipión, aun no maduro para tal empresa, irá a combatir a los cartagineses: vencedor de Aníbal, vencedor de Antíoco, honor de su consulado, garantía y prenda del de su hermano, si él no lo estorbara, se le hubiera encumbrado a los honores de Júpiter; no obstante, las revueltas civiles traerán a mal llevar a aquel salvador de Roma, que, habiendo en su juventud tenido hastío de honores que con los dioses le igualaran, de viejo le seducirá la ambición de un orgulloso destierro. Nunca faltarán motivos de ansiedad, o felices o malhadados; a través de zozobras pasará apretujada la vida; el ocio no existirá en la realidad, sino en el deseo.

Cartas a Lucilio

Carta I
Del aprecio del tiempo

Haz esto que te digo, mi caro Lucilio; rescátate para ti mismo; y el tiempo que hasta ahora se te quitaba o se te sustraía o se te iba de entre las manos recógelo y consérvalo. Persuádete que ello es así como te lo escribo: una porción del tiempo se nos roba, otra se nos hurta, otra se nos escurre. Pero el más feo despilfarro es el producido por la negligencia. Y si en ello quisieres parar mientes, la más parte de la vida se nos pasa haciendo mal; una gran parte no haciendo nada, y toda la vida haciendo otra cosa de la que debe hacerse. ¿Quién me citarás que ponga al tiempo su justiprecio, que conozca el valor de un día, que se percate de que cada día muere un poco? Errada es nuestra visión de mirar la muerte como cosa venidera, siendo una gran parte de ella una cosa ya pasada. Toda cuanta edad dejamos atrás pasó al dominio de la muerte. Haz, pues, mi caro Lucilio, lo que me escribes que haces: arrebaña las horas con entrambas manos. Así resultará que dependerás menos del día de mañana si tuvieres bien asido el de hoy. Mientras se difiere, va transcurriendo la vida. Todas las cosas, Lucilio, nos son ajenas; el tiempo solo es cosa nuestra; en posesión de esta cosa única, escurridiza y fugaz, nos puso la naturaleza y de ella nos expulsa todo aquel a quien se le antoja. Y es tanta la necedad de los mortales que todos se creen obligados al reconocimiento por haber recibido pequeñeces y naderías cuya pérdida es perfectamente reparable; y en cambio nadie se reconoce deudor por haber recibido el tiempo, siendo así que este es el único bien que ni aun el agradecido puede gratificar cumplidamente. Me preguntas por ventura qué hago yo que te doy estos preceptos. Confesártelo he con toda franqueza: a guisa del hombre espléndido pero meticuloso tenedor de libros, llevo cuenta puntual de todos mis gastos. No puedo decir que no pierdo nada, pero cuánto pierdo y por qué y cómo te lo diré y expondré las causas de mi pobreza. Pero me sucede lo que a muchos otros reducidos a la penuria y no por propia culpa: todos me excusan, mas ninguno me socorre. ¿Cómo es ello, pues? No considero pobre a quien, por poco que fuere, le sobra algo. Dame un hombre de fortuna moderada y esto ya me basta. Por lo que se refiere a ti, prefiero que conserves tus bienes, y comenzarás de temprano. Pues, como ya creyeron nuestros mayores, trasnochada economía es la del fondo del vaso; porque la lía que queda en él, sobre ser la parte más pequeña, es asimismo la peor. Ten salud.

Carta II
De los viajes y de las lecturas

Por las cosas que me escribes y por las que oigo concibo de ti buenas esperanzas: no vas de un lado para otro ni te inquietas por mudar de lugares. Ese vaivén es propio de un espíritu enfermo: el primer indicio de un alma sosegada es, creo yo, que pueda afincarse en un lugar y habitar consigo misma. Atiende, pero que esta lectura de muchos autores y de volúmenes de todo género no tenga algo de vagaroso y de inestable. Es menester detenerse en ciertas mentalidades y nutrirse de ellas si quieres sacar algún provecho que arraigue fielmente en el alma. En ninguna parte está quien está en todas. A los que se pasan la vida en viajes les ocurre que tienen muchos albergues y ninguna morada. Forzosamente ha de acontecer esto mismo a todos aquellos que no entran en la familiaridad de ningún ingenio sino que mariposean de uno en otro a toda prisa y livianamente. No se aprovecha ni se asimila el manjar que inmediatamente después de tomado se expele. Nada hay que estorbe tanto el restablecimiento de la salud como el cambio frecuente de remedios; no llega a cicatrizarse la herida en la cual solo se ensayan los medicamentos; no medra la planta que muda con frecuencia; ninguna cosa hay tan útil que, de pasada, aproveche. Disipa el espíritu la multitud de libros; así que, no pudiendo leer todo lo que tuvieres, te basta con que tengas todo lo que puedas leer. «Pero a mí, me dices, ahora se me antoja hojear este volumen, ahora aquel». Propio de un estómago inapetente es hacer cala y cata de muchos manjares que, siendo varios y aun opuestos, empachan y no alimentan. Lee, pues, siempre autores aprobados, y si alguna vez te viene en talante hacer en otros alguna diversión, no dejes de tornar a los primeros. Adquiere cada día alguna defensa contra la pobreza, alguna precaución contra la muerte, no menos que contra todas las restantes calamidades; y, luego que hubieres pasado por encima de muchos conceptos, escoge uno solo para digerirlo durante todo aquel día. Yo hago esto mismo; de los muchos que leí retengo alguno. El de hoy es este que espigué en

Epicuro, pues me agrada pasar al campo enemigo, no como tránsfuga, sino como explorador. Cosa honesta es —dice— la pobreza alegre. Pero la pobreza ya no es pobreza si es alegre. No el que tiene poco, sino el que codicia más, este es el pobre. Porque ¿qué importa lo que atesoró en el arcón, lo que ensiló en los alholíes; cuántos rebaños apacienta, cuántos réditos percibe, si se perece por lo ajeno, si no cuenta lo adquirido, sino lo por adquirir? Me preguntas cuál sea la tasa de las riquezas. Primeramente, tener lo necesario; luego, tener lo suficiente. Ten salud.

Carta VII
Del apartamiento

Me preguntas qué cosa sea la que más debes evitar: la masa. Todavía no puedes confiarte a ella sin peligro. Por lo que a mí atañe, voy a confesarte mi flaqueza: jamás vuelvo de ella con el mismo temple moral con que fui a ella; algo se descompone de lo que yo había aderezado; algo vuelve de lo que yo había puesto en fuga. Aquello mismo que pasa con los enfermos a quien una larga debilidad afectó de tal manera que no pueden salir sin perjudicarse, esto nos pasa a nosotros también, convalecientes de una larga dolencia espiritual. Dañino es el comercio con la multitud; nadie hay que no nos contamine con algún vicio o no lo grabe en nosotros, o sin que nos demos cuenta no nos manche con su contacto. Y, cuanto más grande sea la turbamulta con que nos mezclamos, tanto mayor es el peligro. Nada hay tan nocivo para las buenas costumbres como la asistencia a cualquier espectáculo; porque entonces más fácilmente se insinúan los vicios alcahuetados por el placer. ¿Entendiste lo que quise decir? Vuelvo más avaro, más ambicioso, más sensual, más cruel y aun más inhumano, porque anduve entre hombres. Por una casualidad vine a dar con mis huesos en un espectáculo de mediodía, donde esperaba juegos y sales y cosas de pasatiempo que descansasen los ojos de los hombres de visiones de sangre humana: fue todo lo contrario. Todas las pugnas de antes, en su comparación, eran obras de misericordia. Ahora, omitidas las bagatelas, son puros homicidios; no tienen nada con que protegerse; expuestos en todo su cuerpo a las heridas, no queda frustrado ningún golpe. La mayoría prefiere esto a los combates ordinarios y a los que son motivo de apuestas. ¿Y por qué no lo han de preferir? Ni casco ni escudo repelen el hierro. ¿Por qué armaduras? ¿Por qué arte de esgrima? Todo eso son rémoras de la muerte. A la mañana, los hombres son expuestos a los leones y a los osos; a la tarde son expuestos a los espectadores. Estos mandan que los matadores luchen con los que los han de matar, y reservan al vencedor para otra matanza; el fin de los luchadores es la muerte; con hierro y fuego se hace la faena. Esto se hace mientras el coso vaca. «Pero es que el tal cometió un latrocinio, perpetró un homicidio». ¿Y qué? Él, porque mató, mereció esta pena. ¿Y qué mereciste tú, bellaco, que lo contemplas? «¡Mata, azota, quema!». ¿Por qué tan cobardemente va al encuentro del hierro? ¿Por qué mató con tan poca audacia? ¿Por qué muere tan de mala gana? Que de los azotes vaya a las heridas: ofrezcan a los golpes alternos el pecho franco y desnudo. Se interrumpió el espectáculo. «Mientras, por no estar sin hacer nada, siga el degüello de hombres». Pero ¿no comprendéis aún que el ejemplo del mal recae sobre aquel que lo ejecuta? Dad gracias a los dioses inmortales porque enseñáis de ser cruel a quien no puede aprenderlo. Hay que sustraer del contacto de las masas el ánimo tierno y poco firme en la rectitud: con facilidad se pasa al bando de los más. La masa desemejante hubiera podido conmover la reciedumbre de Sócrates, de Catón, de Lelio; cuanto menos ninguno de nosotros, que a duras penas hemos iniciado nuestro progreso moral, pudiera contrastar el ímpetu de los vicios que se nos echaran encima con compañía tan brava. Un solo ejemplo de lujuria o de avaricia hace mucho mal; el trato familiar con un hombre voluptuoso nos enflaquece y nos amollenta sin que lo sintamos; el vecino rico irrita la codicia; el compañero deslenguado mancha con su lívida herrumbre la persona más inocente y franca: ¿cuál piensas que será la moral de aquel sobre quien se derrumba la acometida de todo un pueblo? Fuerza es que seas o su imitador o su enemigo. Una cosa y otra han de ser evitadas: ni te hagas semejante a los malos, porque son muchos, ni enemigo de los muchos, porque son desemejantes. Retírate en ti mismo cuanto puedas, conversa con aquellos que te han de hacer mejor, admite a aquellos otros a quien tú puedas mejorar; estas cosas son recíprocas y los hombres aprenden enseñando. Guarda que la impaciencia vanidosa de hacer demostraciones de tu talento te haga salir delante del público para leer o para disertar; cosa que yo querría que hicieses, si tuvieres para este pueblo una mercadería a su gusto; pero ninguno de estos te puede comprender. Por ventura te saldrán uno o dos, y aún tendrás que formarlos o educarlos para que te entiendan. «¿Entonces, para quién he aprendido estas cosas?». No temas haber hecho trabajo en balde si las aprendiste para ti.

Pero, por no haber aprendido hoy para mí solo, voy a participarte los buenos dichos que hallé, tres casi sobre el mismo tema; uno de los cuales servirá para pagar la deuda de esta epístola, y los otros dos recíbelos por adelantado. Demócrito dice: «Un hombre solo es para mí el pueblo, y todo el pueblo es un solo hombre». Bueno es asimismo el dicho de aquel, quienquiera que fuese —pues es dudosa la atribución—, quien preguntado por qué ponía tal diligencia en un arte que había de llegar a muy pocos, respondió: «Es que estos pocos ya me bastan a mí, y aun uno solo, y aun ninguno». Magnífico es este tercer dicho de Epicuro, escribiendo a uno de sus compañeros de estudios: «Esto no es para muchos, sino para ti, pues asaz gran espectáculo somos el uno para el otro». Atesora, mi caro Lucilio, en tu espíritu estas sentencias a fin de desdeñar el placer que produce el aplauso de muchos. Muchos te loan: ¿qué motivo tienes para holgarte contigo mismo, si eres tal que muchos te comprenden? Íntimas sean tus cualidades admiradas. Ten salud.

Carta X
De la soledad

Así es, y no mudo de parecer: huye de los muchos, huye de los pocos; huye aun de uno solo. No se me ocurre nadie con quien querría que te comunicases. Y ve el concepto en que te tengo: me atrevo a entregarte a ti mismo. Dicen que Crates, discípulo de aquel mismo Estilbón que menté en mi anterior epístola, reparando en un mancebo que paseaba separado de los otros, le preguntó qué hacía allí solo. Él respondió: «Hablo conmigo mismo». Crates le replicó: «Guarda, te ruego, y atiende con todo cuidado. Hablas con un mal hombre». Acostumbramos vigilar al afligido y al pusilánime para que no abusen de su soledad. Ningún imprudente debe ser abandonado en manos de sí mismo; entonces, asoman las malas intenciones; entonces maquinan bien para sí, bien para los otros futuros peligros; entonces urden el cumplimiento de los malos apetitos; entonces el ánimo saca afuera todo lo que encubrían el miedo o el pudor; entonces afila la audacia, irrita la libídine, azuza la ira. En una palabra, la única ventaja que tiene la soledad, a saber: no confiar nada a nadie ni temer al delator, está perdida para el necio: él mismo se delata. Veas, pues, lo que espero de ti, o mejor, lo que me prometo a mí mismo (pues esperanza se llama el bien incierto); no hallo nadie con quien puedas estar mejor que contigo. Evoca mi memoria la valentía con que pronunciaste determinadas palabras; y cuán llenas de reciedumbre. Me felicité por ellas inmediatamente a mí mismo y me dije: «No salen estas palabras de flor de labios; estas voces tienen su profundidad; este hombre no es uno del montón; este hombre aspira a la verdadera salud». Así habla; así vive; guárdate que ninguna cosa te deprima. Agradece a los dioses tus anhelos antiguos y concibe otros de nuevos; pídeles cordura, buena salud del alma y luego también del cuerpo. ¿Por qué no has de renovar con frecuencia estos deseos? Ruega a Dios con gran audacia; nada le pedirás que sea ajeno a ti.

Pero para enviarte, como es costumbre mía, esta carta con algún pequeño don, ahí va esta verdad que he hallado en Atenodoro: «Sabe que entonces serás quito de toda suerte de codicia cuando llegares a un grado tal que no pidas a Dios sino cosas que puedas pedirle en público». ¡Cuánta es la locura de los hombres de hoy día: murmuran en las orejas de los dioses deseos vergonzosísimos! Si alguno acercare la suya, callarían; lo que no quieren que el hombre sepa lo cuentan a Dios. Procura que jamás se te pueda prescribir este remedio: Vive con los hombres como si Dios te viese; habla a Dios como si los hombres te oyeran. Ten salud.

Carta XV
De los deportes físicos

Fue usanza antigua, llegada aún hasta mi tiempo, añadir a las primeras palabras de una carta: «Si es buena tu salud, soy contento; la mía lo es». Con igual razón decimos nosotros: Si te consagras a la filosofía, soy contento. Porque esta es, a fin de cuentas, la verdadera salud; sin ella, el alma está enferma y aun el cuerpo, por vigoroso que sea, solamente lo es a guisa del furioso o del frenético. Cuida, pues, con diligencia principal, de esta salud, y luego de aquella otra, la del cuerpo digo, que no te costará mucho trabajo si quieres una salud verdaderamente buena. Porque es cosa necia, mi caro Lucilio, y nada conveniente a un hombre letrado, ejercitar los músculos, engrosar el cuello y reforzar el pecho; aun cuando te hubieres ensanchado con feliz gordura, y los músculos te hubieren crecido, nunca igualarás la robusta corpulencia ni el peso del toro. Y a ello añade que una mayor obesidad sofoca el alma y la vuelve menos ágil. Así que, tanto como puedas, reduce a límite tu cuerpo y da ensanche al alma. Muchas incomodidades acompañarán a los que se entregan a aquel cuidado. Primeramente, los ejercicios cuya tensión agota el espíritu y le inhabilita para la atención y los estudios más severos; luego una alimentación excesiva que embota la delgadez del entendimiento. A esto se allega que esclavos de la peor calificación son aceptados como maestros, ralea vil que distribuyen su vida entre el aceite y el vino y consideran que el día ha discurrido a su gusto si sudaron copiosamente; si en lugar del líquido que expelieron ingirieron mucha bebida y la tomaron en ayunas para que calase más profundamente. Beber y sudar es vida de cardiaco. Hay ejercicios fáciles y breves que cansan el cuerpo en seguida y se ahorra un tiempo, cosa de que se debe tener mucha razón: la carrera, el movimiento de las manos con algún peso, y el salto, sea en altura o a distancia, o aquel otro que llamamos *saliar* o, hablando con más tosquedad, *salto del batanero*; de estos ejercicios elige el que más te agrade, y, por rudo que sea, el uso te lo hará fácil. Pero, hagas lo que hagas, vuelve presto del cuerpo al alma; ejercítala de día y de noche; un trabajo módico la nutre. Este ejercicio no lo impedirán ni el frío ni el calor ni la vejez misma; cultiva este bien que se hace mejor con los años. No te mando que estés siempre encima del libro o de las tablillas; se ha de dar al alma algún asueto, pero tal que no la disipe, sino que la afloje. El viajar en litera da movimiento al cuerpo y no impide el estudio: permite leer, dictar, hablar, escuchar, cosas todas ellas que el mismo andar no priva. No desdeñes tampoco la educación de la voz, que te prohíbo alzar y bajar en modulaciones graduadas. ¿Y qué voy a decirte si cualquier día te empeñas en aprender de caminar? Toma aquellos maestros a quienes el hambre ha enseñado nuevas invenciones; habrá quien ponga ritmo en tus pasos y regule los movimientos de la boca en la masticación y lleve tan adelante su audacia cuanto se lo sufra tu paciencia y tu credulidad. ¿Pues qué? ¿Tu voz tendrá que empezar por el grito o por el esfuerzo sumo de los pulmones? Es cosa tan natural el irse excitando gradualmente que los litigantes empiezan en tono menor antes de que pasen a las vociferaciones; nadie implora la ayuda de los quirites desde los primeros momentos. Tal como te aconseje el impulso del espíritu, ataca al enemigo ora con vehemencia, ora con suavidad, cosa que te indicarán la voz hasta los mismos pulmones. Cuando refrenas la voz y la haces retroceder, bájala suavemente, sin dejarla caer; siga en tono mediano y no se embravezca a la manera indocta y rústica; pues no hacemos esto para ejercitar la voz, sino ejercitarnos nosotros en ella.

He aquí que te he quitado una no pequeña preocupación; a esta buena obra va a añadirse un pequeño regalo, un solo aforismo griego. Ahí tienes el precepto insigne: «La vida del insensato es ingrata, poseída de miedos, toda abocada a lo que ha de venir». ¿Quién dice esto?, me preguntas. El mismo que dijo lo de más arriba. ¿Qué vida crees que es tenida por necia? ¿La de Baba o la de Isión? Ni una ni otra; la nuestra es arrastrada por ciega concupiscencia a lo que ha de sernos dañoso; la nuestra, que ciertamente nunca habrá de hallar saciedad; la nuestra, que si con algo pudiera satisfacerse ya estaría satisfecha; la nuestra, digo, que jamás pensó cuán dulce cosa es no pedir nada; qué magnífica cosa es sentirse saciado y no estar colgado de la fortuna. Acuérdate, pues, con frecuencia, mi caro Lucilio, de los muchos bienes que conseguiste. Cuando vieres cuántos son los que te pasan delante, piensa cuántos más son los que te vienen detrás. Si quieres ser agradecido para con los dioses y para con tu misma vida, piensa a cuántos te has adelantado. Pero ¿qué te interesan los otros? Tú te adelantaste a ti mismo. Señálate un límite, que tú mismo no quieras traspasar aunque puedas. Apártense de una vez para todas estos bienes insidiosos mejores en su esperanza que en su posesión. Si alguna solidez hubiera en ellos, alguna vez llenarían; ahora no hacen más que irritar la sed de los que los agotan hasta las heces. Váyanse en mala hora los tentadores aparejos. Aquello que rueda al voluble antojo del futuro, ¿por qué he de obtener de la fortuna que me lo dé, y no preferentemente pedirlo de mí mismo? Ni ¿por qué he de pedirlo? Olvidándome de la fragilidad humana, ¿he de acarrearlo? ¿Por qué afanarme? He aquí que el día presente es el último; y, si no lo es, poco le falta para ser el último. Ten salud.

Carta XVI
De la utilidad de la filosofía

Harto sé, mi caro Lucilio, que es evidente para ti que nadie puede llevar una vida feliz y ni siquiera soportable sin la pasión de la sabiduría; y que la vida bienaventurada es fruto de la perfecta sabiduría; y la vida tolerable es hija de la sabiduría incoada. Pero a esta evidencia hay que afirmarla; y arraigarla cada día más profundamente, pues es tarea más difícil llevar a la práctica los propósitos que concebirlos. Hay que tener perseverancia y acrecentar la robustez con un trabajo asiduo hasta que la bondad del alma iguale la bondad de la voluntad. Así que no es menester que me lo certifiques con más palabras y más luengas razones: bien veo tus muchos aprovechamientos, sé qué es lo que inspira tus escritos; lo que me dices no es ni fingido ni afeitado. No obstante, he de decirte lo que siento; me inspiras esperanza pero no todavía confianza. Esto mismo quiero que hagas tú; no tienes por qué creer ni pronta ni fácilmente. Examínate tú mismo y obsérvate por todos lados, y antes que todo mira si es en la filosofía que progresaste o es en la vida. La filosofía no es un señuelo para deslumbrar al pueblo, ni es propia para la ostentación; no consiste en palabras, sino en obras. No tiene tampoco por objeto pasar el día con un apacible entretenimiento, para quitar su náusea a la ociosidad: ella forma y modela el alma, ordena la vida, gobierna los actos, muestra lo que debe hacerse y lo que debe omitirse, está sentada al timón, y dirige la rota entre las dudas y las fluctuaciones de la vida. Sin ella, nadie puede vivir exento de temores; nadie puede vivir con seguridad; a cada hora acaecen accidentes innumerables que reclaman un consejo que solo a ella debe pedirse. Alguno dirá: «¿De qué me sirve la filosofía si existe la fatalidad? ¿Qué provecho se saca de ella si Dios es el soberano gobernador? ¿Qué utilidad tiene si la casualidad es quien impera? Porque ni pueden cambiarse las cosas ciertas ni ninguna prevención puede tomarse contra las inciertas, porque o Dios se anticipó a mi determinación y decretó lo que yo había de hacer, o la fortuna nada consiente a mi libre albedrío». Séase lo que se quiera de estas dos opiniones, mi caro Lucilio, o si son ciertas ambas a dos, no obstante hay que filosofar ora los hados nos encadenen a su inexorable tiranía, ora Dios, árbitro del universo, disponga todas las cosas a su voluntad, ora la casualidad empuje sin orden y guíe a ciegas las cosas humanas; la filosofía debe ser nuestra defensa. Ella nos exhortará a obedecer a Dios de buen grado y a resistir a la fortuna, con una férrea obstinación; ella te enseñará a que sigas a Dios, a que soportes el hado. Pero ahora no es hora de entrar a discutir lo que está en nuestro poder; si la providencia tiene el dominio de todo o si la sucesión de los hados nos lleva a la traílla o si quien señorea es lo imprevisto y lo brusco; ahora, volviendo a mi tema, te aviso y te exhorto que no permitas que desmaye y se enfríe el ímpetu de tu alma. Sostenle y afírmale a fin de que lo que es el ímpetu de tu alma llegue a ser el hábito de tu alma.

Ya desde el principio de esta carta, si te conozco bien, habrás mirado sin duda curiosamente de qué presente eran portadoras estas letras mías: examínalas mejor y lo encontrarás. No te extrañe mi proceder; aun ahora soy liberal de la hacienda ajena. ¿Por qué he dicho ajena? Todo lo que dijo bien, alguno, mío es. También este es un dicho de Epicuro: Si vivieres según la naturaleza, nunca serás pobre; si vivieres según la opinión, nunca serás rico. La naturaleza desea muy poco; la opinión desea la inmensidad. Acumúlese en ti todo lo que poseyeron muchos ricos; que te encarame la fortuna por encima del nivel de las riquezas privadas; que te cubra de oro, te vista de púrpura, te conduzca a tal extremo de refinamientos y de opulencias que enloses con jaspes el suelo, en una palabra, que no solamente puedas tener riquezas, sino que puedas hollarlas bajo tus pies. Se alleguen estatuas y pinturas y todo cuanto las artes todas labraron para el lujo. Todo ello te enseñará a codiciar más. Los deseos naturales tienen su tasa y su medida; mas las codicias nacidas de falsa opinión no tienen límite; lo falso carece de término alguno. Quien sigue su camino llega a su cabo; mas el extravío es inmenso. Apártate, pues, de toda cosa vana, y cuando quisieres saber si lo que deseas viene de la naturaleza o de la ciega codicia, piensa si puede detenerse en algún punto. Si, habiendo avanzado mucho, queda todavía algo en lontananza, sabe que esto no es natural. Ten salud.

Carta XXII

La filosofía, manantial de goces auténticos

¿Piensas que voy a escribirte cuán humanamente este invierno nos trató, que fue templado y breve, qué maligna es la primavera, cuán fuera de sazón el frío y otras bagatelas de la gente charladera? Escribirte he alguna cosa que a ti y a mí nos sea de provecho. ¿Y qué puede ser sino una exhortación a la cordura? ¿Me preguntas cuál es su fundamento? Que no te goces con las cosas vanas. Te dije que este era el fundamento, pero, en realidad, es la cumbre.

A la cumbre llegó el hombre que sabe de qué ha de gozarse, el que no puso su felicidad en poder ajeno; en cambio, anda solícito y no está seguro de sí mismo aquel a quien acucia alguna esperanza, aunque la tenga al alcance de su mano, aunque no sea difícil de conseguir, aunque no le hayan decepcionado jamás las esperanzas anteriores. Haz esto ante todo, mi caro Lucilio; aprende a gozar. ¿Piensas que yo ahora voy a privarte de muchos placeres, yo que te sustraigo los que te acarrea el azar, yo que creo que deben evitarse las ilusiones de la esperanza, regalos dulcísimos? Al contrario, yo quiero que nunca te falte alegría; yo quiero que ella nazca en tu casa, y nacerá siempre que se halle dentro de ti mismo. Los restantes goces no llenan el pecho; desarrugan el ceño, son livianos, si ya no crees que goza aquel que se ríe. El alma es quien debe estar alegre y confiada y enhiesta sobre todas las cosas. Créeme, el verdadero gozo es una cosa muy seria. ¿Es que tú crees que un hombre de aspecto desenvuelto y, como dicen nuestros melindrosos, de rostro jovial, menosprecia a la muerte, abre generosamente su puerta a la pobreza, mantiene los deleites bajo freno, medita la paciencia del dolor? Quien se ejercita en estos sentimientos austeros, fruye un gozo grande, pero poco halagador. En la posesión de ese gozo quiero que tú estés. Nunca te faltará si una vez hubieres dado con el manantial de donde brota. Las minas de los metales pobres son someras; aquellos son riquísimos metales cuya vena se esconde en la profundidad y recompensan más largamente el afán asiduo del minero. Estos otros goces en que se complace el vulgo tienen no más que un baño tenue y superficial; todo placer que viene de fuera carece de fundamento; estotro, de que te voy hablando, y al cual me esfuerzo por llevarte, es consistente y macizo y tiene de parte de dentro su satisfacción más colmada. Haz, yo te ruego, carísimo Lucilio, aquello único que puede hacerte feliz; lanza y pon debajo de tus pies todo aquello que brilla por fuera, todo aquello que otro te prometió o que ha de venirte de otro. Aspira al bien verdadero y goza del tuyo. ¿Qué quiero decir con esto *del tuyo*? De ti mismo y de la mejor parte de ti mismo. El mismo cuerpecillo, aun cuando nada puede hacerse sin él, cree que es una cosa más necesaria que importante: sugiere deleites vanos, breves, seguidos de arrepentimiento y si no se los templa con una suma moderación degeneran en dolorosos. Así te lo digo: el placer es un deslizadero que resbala hacia el dolor, si no se pone mesura en él. Pero poner en él mesura es difícil, porque crees que es cosa buena. El deseo del bien verdadero es seguro de todo punto. ¿Me preguntas cuál sea este bien verdadero y de dónde dimana? Te lo diré: de la buena conciencia, de las intenciones honestas, de las buenas acciones, del menosprecio de las cosas fortuitas, del tenor plácido y constante de la vida que huella siempre el mismo camino. Pues aquellos que saltan de unos propósitos en otros, o ni siquiera saltan sino que cualquier azar a ello los empuja, ¿cómo pueden tener, flotantes como son y vagorosos, nada permanente ni seguro? Contados son los que ordenan por la reflexión su vida y sus negocios; los demás, a guisa de los objetos que flotan en los ríos, no andan sino que son llevados. A los unos una onda más suave los sostuvo y los brizó más blandamente; a los otros una más brava los arrebató; a los otros, una próxima a la ribera allí los depositó en su curso lánguido; a los otros un impetuoso vórtice los echó en el mar. Por eso, hay que determinar lo que queremos y perseverar en ello.

Esta es la hora de pagar con dinero ajeno, puesto que puedo remitirte una sentencia de Epicuro y franquear esta carta: «Es cosa molesta comenzar siempre la vida». O si de estotra manera puede expresarse mejor el sentido: «Mal viven los que comienzan siempre». «¿Por qué?», me preguntas. Esta sentencia exige una explanación. Siempre está sin acabar su vida. No puede estar preparado para la muerte quien apenas comienza a vivir. Hay que cobrar de manera que siempre hayamos vivido lo bastante: no piensa esto ciertamente quien inaugura su vida a cada momento. No vayas a creer que sean esos pocos; son casi todos. Algunos comienzan cuando es hora de acabar. Si ello te extraña, añadiré una cosa que te extrañará más: algunos acabaron de vivir antes de comenzar. Ten salud.

Carta XXVI
Elogio de la ancianidad

Te decía hace poco que yo me hallaba en los arrabales de la senectud; ahora ya me temo no haberla dejado atrás. Otra es la palabra que conviene a mis años y sin duda alguna a mi cuerpo, porque senectud es el nombre de la edad cansada, no de la edad quebrantada: cuéntame entre los decrépitos y los que frisan en sus postrimerías. Pero, con todo, yo me felicito de ello ante ti: no siento en mi espíritu la mella de la edad, dado que la sienta en el cuerpo. Solo envejecieron en mí los vicios y los órganos de los vicios; el alma está en todo su vigor y se goza de no tener demasiados tratos con el cuerpo; por fin dejó una buena parte de su cargamento. Se alboroza y me desmiente mi presunta senectud; donosamente me dice que aquella es su flor y su verdura. Démosle crédito; dejémosle gozar de su bien. Ella me manda avivar el seso y entrar en reflexión y dilucidar qué parte de esta tranquilidad y suavidad de costumbres debo a la sabiduría y qué parte a la edad, y examinar con diligencia qué es lo que no puedo hacer y qué no quiero hacer de provechoso a la hora de emprender el viaje. Por otra parte, si alguna cosa no quiero, me gozo de no poderlo hacer; pues ¿qué queja, qué incomodidad hay en que se haya desmedrado todo lo que debía acabar? «¿Es una lástima grande —dices— disminuir y agotarse, o, para hablar más propiamente, derretirse? Pues no recibimos súbitamente el empujón que nos derriba; nos marchitamos y nos quitan algo cada uno de los días». ¿Y qué salida hay mejor que ir resbalando hasta el fin por el suave deslizadero que nos brinda la naturaleza? No que sea algo malo el golpe que corta la vida de súbito, sino que el ir declinando insensiblemente es vereda más suave. Yo, por cierto, como si ya estuviese próxima la prueba y a punto de llegar aquel día en que se ha de pronunciar sentencia de todos mis años, me examino y me hablo así: «No es nada aún aquello de que hemos dado prueba con actos o con palabras. Livianas son y falaces prendas del espíritu, envueltas en muchos engaños lisonjeros; acerca de mi aprovechamiento, he de fiarme de la muerte, que dirá la última palabra. Así es que sin miedo ninguno me voy preparando para aquel día en que habré de juzgar de mí mismo sin afeites ni adobíos, digo palabras de valor o si las siento y si eran simulación y comedia todas las cosas recias que dije contra la fortuna. No hagas caudal de la opinión de los hombres; es dudosa siempre y bifurcada. No hagas caso de los estudios a que consagraste la totalidad de la vida; será la muerte quien dará juicio de ti. Te digo con toda seguridad que ni las discusiones filosóficas ni las conversaciones literarias ni las sentencias espigadas en los preceptos de los sabios ni la disertación culta no demuestran la auténtica fortaleza del espíritu; porque la palabra es audaz aun en los más tímidos. Lo que hubieres hecho mostrarse ha, cuando rendirás el espíritu. Acepto el emplazamiento; no me espanta el juicio». Esto hablo conmigo, pero pienso que lo hablo contigo también. Eres más joven, pero ¿qué importa? Los años no cuentan. Incierto es el lugar donde te espera la muerte; espérala, pues, tú, en todas partes.

Ya quería terminar y mi mano iba a cerrar la carta, pero hay que observar el rito y hay que dar peaje a la carta para que haga su camino. Figúrate que no te digo de dónde voy a tomar el préstamo; pero tú ya sabes de quién es el arca a que acudo. Aguárdame un poco y te pagaré con caudal mío; mientras tanto nos lo prestará Epicuro, que dice: «Medita la muerte». O si te parece mejor esta expresión: «Medita el tránsito a los dioses». El sentido es obvio: es cosa egregia aprender de morir. Acaso se antoja superfluo aprender un arte que solo ha de practicarse una vez. Precisamente por esto hemos de meditarla, porque siempre hay que aprender aquello que no podemos experimentar si la sabemos. ¡Medita la muerte! Quien esto nos dice nos dice que meditemos la libertad. Quien aprende de vivir desaprende de servir; se encarama por encima de todo poder; al menos, fuera de todo poder. ¿Qué le hacen a él la cárcel, las guardas, el encerramiento? Tiene libre la puerta. Una sola es la cadena que nos tiene atados, el amor de la vida, el cual, aunque no tenga que echarse, se ha de rebajar a tal punto que si alguna vez se impone la exigencia, no nos detenga nada ni nada nos impida estar dispuestos a hacer en el acto lo que habría que hacer más pronto o más tarde. Ten salud.

Carta XXVII
De la virtud proviene la verdadera bienaventuranza

«¿Tú me amonestas? —dices— ¿Ya te amonestaste a ti mismo? ¿Ya te enmendaste para preocuparte de la enmienda ajena?». No soy tan procaz que estando enfermo me meta a hacer curaciones; sino que, hospitalizado como tú en el mismo sanatorio, hablo contigo de la dolencia que nos aqueja a ambos y te comunico los remedios. Así que escúchame como si hablase conmigo mismo. Te admito en mi secreto y en presencia tuya hago mi examen. A gritos me digo a mí mismo: Cuenta tus años y te avergonzarás de querer las mismas cosas que quisiste cuando niño, y de abrigar los mismos proyectos. Hazte, al fin, este servicio a ti mismo cerca del día de tu muerte: mueren antes que tú los vicios. Dejo estos turbios deleites de tan costosa expiación; no dañan solamente los venideros, sino también los pasados. Así como los crímenes, aunque no fueron sorprendidos en su comisión no pasa con ellos el remordimiento, así también los placeres culpables tienen su escarmiento aun después de pasados. No son constantes, no son fieles; aun cuando no empezcan, son huidizos. Busca más aún en derredor tuyo algún bien que permanezca; y no hay otro sino el que el alma halla dentro de sí misma. Sola la virtud proporciona un gozo perpetuo, seguro. Por más que se interponga algún obstáculo, este interviene a manera de las nubes que se arrastran muy por debajo del cielo y no consiguen robar el día. ¿Cuándo será que pueda llegar a este gozo? Cierto es que no te detuviste todavía, pero es menester que te apresures. Es mucha la hacienda en la cual es preciso que pongas tus vigilias y tus trabajos, si quieres llegar a perfecto; esta tarea no admite delegación. En otros géneros literarios, la colaboración es posible. Calvisio Sabino, de recuerdo mío, fue un hombre rico que poseía el patrimonio de un liberto y también el carácter. Nunca vi rico más repugnante. Tenía tan mala memoria que unas veces se le olvidaba el nombre de Ulises, otras el de Aquiles, ora el de Príamo, tan conocidos de él como nuestros maestros lo son de nosotros. Ningún nomenclátor viejo de los que no repiten los nombres, sino que se los inventan, no destroza tan horriblemente los nombres de la chusma de sus clientes como él los de los troyanos y los griegos; y con todo quería parecer erudito. Excogitó este medio expeditivo; gastó grandes caudales en compras de esclavos, uno que supiese de memoria a Homero; otro que decorase Hesíodo; y designó uno para cada uno de los nueve poetas líricos. No te maravilles si le costaron muy caros; no habiéndolos encontrado, los hizo enseñar. Así que se hubo proporcionado aquella familia, empezó a importunar a sus convidados. Tenía a sus pies a estos esclavos y pidiéndoles con frecuencia versos para repetirlos, muchas veces se detenía a media palabra. Le aconsejó Satelio Cuadrato, gran roedor de ricos fatuos y, como es consiguiente, su adulador, y lo que va junto con estas cualidades, donoso burlador, que se procurase gramáticos compiladores de vocablos. Al responderle Sabino que cada uno de los esclavos le costaba cien mil sestercios, replicó: «Por menos hubieras podido comprar otros tantos manuscritos». Pero él estaba muy persuadido de saber todo lo que en su casa sabía cada uno. El mismo Satelio empezó a aconsejarle que se dedicase a las luchas, él, enfermo, pálido, enclenque: «¿Y cómo puedo, si vivo apenas?». Sabino replicó: «Por vida mía, que no digas esto: ¿no ves cuántos esclavos valentísimos tienes?». La cordura no se presta ni se compra, y pienso que, si fuera venal, no tendría comprador. En cambio, la mentecatez se compra cada día.

Recibe ya lo que te debo, y adiós: «La pobreza atemperada a la ley de la naturaleza, riqueza es». Esto mismo dice Epicuro de una u otra forma. Pero nunca se dice demasiado lo que nunca se aprende demasiado. A algunos basta con mostrarles los remedios; a otros hay que imponérselos a viva fuerza. Ten salud.

Carta XLIX
La vida es breve

Sin duda es, caro Lucilio, hombre indiferente y olvidadizo aquel a quien la vista de algún país retorna al recuerdo de un amigo; y, con todo, los lugares que nos fueron familiares con él despiertan la añoranza adormilada en nuestro ánimo y no dejan que su memoria se extinga, sino que la avivan si estaba mortecina, bien así como el duelo por un difunto, aunque mitigado por el tiempo, renuévale su esclavo favorito o su vestido o su casa. He aquí cómo la Campania, y sobre todo la vista de Nápoles o de tu Pompeya, me ha renovado increíblemente y refrescado la añoranza de ti; todo tú estás delante de mis ojos. Más que nada evoco la despedida; te veo arrasado de lágrimas e impotente para resistir la emoción que estalla al intentar en vano reprimirla. Me parece que te perdí ahora mismo, pues ¿qué cosa no se verifica ahora mismo, en el momento que la recuerdas? Ahora mismo me sentaba, niño, en la escuela del filósofo Sotión; ahora mismo empezaba a llevar pleitos; ahora mismo desistí de llevarlos. Infinita es la velocidad del tiempo, más visible aún para los que le miran hacia atrás. Engaña a los que le miran presente; hasta tal punto es imperceptible el paso de su fuga precipitada. ¿Me pides la causa de ello? Todo el tiempo que pasó está en el mismo lugar; se le ve todo al mismo tiempo; yace todo de una vez; todo él cayó en la misma hondura. Además, no pueden ser largos los intervalos en una cosa que toda es breve. Un punto es el que vivimos y todavía menos que un punto, y aun a esta cosa mínima la naturaleza la engañó con la apariencia de un largo espacio; de un pedazo hizo la infancia; de otro, la puericia; de otro, la mocedad; de otro, la declinación que va de la juventud a la vejez; del último, la misma vejez. A un espacio tan breve, ¡cuántos grados le puso! No ha mucho que te despedía, y no obstante este *no ha mucho* es una buena parte de nuestra vida, cuya brevedad pensemos que ha de terminar algún día. No solía parecerme tan veloz el tiempo que me parece ahora de una fugacidad increíble, sea porque siento que se me acerca la línea final, sea porque comencé a darme cuenta de mis pérdidas y a contarlas. Y por eso es que me indigno tanto más que algunos malgasten en cosas superfluas la mayor parte de un tiempo que aun ahorrado con la mayor usura no puede bastar para las necesarias. Dice Cicerón que aunque se le doblase la duración de la vida no tendría tiempo para leer a los poetas líricos; en la misma cuenta pon a los dialécticos, que son ignorantes más tétricamente. Aquellos dicen futesas deliberadamente; estos se creen hacer alguna cosa. Yo no digo que no se les haya de mirar, pero nada más que mirar y saludarlos desde el umbral con el único objeto de que no nos engañen y creamos que existe en ellos algún grande y secreto tesoro. ¿Por qué te torturas y maceras en un problema que es más cuerdo desdeñar que resolver? Propio del que anda seguro y viaja cómodamente es andar a busca de naderías; pero, cuando el enemigo empuja y el soldado tiene orden de avanzar, la necesidad se sacude todo lo que había acarreado una paz ociosa. No tengo tiempo de cazar anfibologías y ejercitar en ellas mi agudeza:

Mira cómo los pueblos se juntan y cómo los encerrados dentro
de murallas aguzan en las puertas el hierro.

Con grandeza de alma debe ser oído este estrépito de guerra circunsonante. Por loco me tomarían todos, y con razón, si mientras ancianos y mujeres amontonasen bloques por fortificar los muros, y la juventud armada, puertas adentro, esperase o pidiese la orden de salir, mientras los dardos hostiles se hincasen vibrando en las puertas y retemblase el suelo, excavado de minas y de pasadizos subterráneos, yo estuviera sentado ociosamente y plantease problemas minúsculos como este: lo que no perdiste lo tienes, es así que no perdiste los cuernos; luego tienes cuernos y otras delirantes agudezas aliñadas por este mismo estilo. Por eso debo de parecerte igualmente loco si a ello dedico ahora mi trabajo; también ahora estoy sitiado. No obstante, entonces los riesgos del asedio me amenazarían desde fuera y una muralla me separaría del enemigo. Pero ahora todo lo mortífero está dentro de mí. No tengo tiempo para estas inepcias: un gran negocio llevo entre manos. ¿Qué haré? La muerte viene a mis alcances; la vida huye de mí. Enséñame algo contra estos males. Haz que yo no huya la muerte y que la vida no me huya. Exhórtame contra las dificultades; ármame de ecuanimidad contra los males inevitables; ensancha las estrecheces de mi tiempo. Enséñame que el bien de la vida no consiste en su extensión sino en su uso; que puede suceder, más aún, que sucede con muchísima frecuencia, que quien largamente vivió haya vivido poco. «Dime cuando voy a dormir: Puedes no despertarte. Dime cuando me hubiere despertado: Es posible que no duermas más. Dime cuando salga: Puedes no volver. Dime cuando vuelva: Puedes no salir». Te equivocas si piensas que solo al ir embarcado es cuando hay la diferencia mínima entre la vida y la muerte; en todo lugar es igualmente tenue la distancia. No se muestra arreo la muerte tan cercana; pero dondequiera, es cercana igualmente. Disipa estas tinieblas y me enseñarás más fácilmente las lecciones para las que estoy preparado. La naturaleza nos dio capacidad de aprender y una razón imperfecta pero perfectible. Confiere conmigo acerca de la justicia, de la piedad, de la frugalidad, de ambas castidades, tanto de la que se abstiene del cuerpo ajeno como de la que respeta el propio. Si no quieres conducirme por descaminos, llegaré más fácilmente al término que pretendo. Porque, como dice aquel trágico: La palabra de la verdad es simple y por eso es menester no complicarla, porque no hay nada que menos convenga a las almas consagradas a un alto empeño como esta falaciosa astucia. Ten salud.

Carta LXII
Del buen uso del tiempo

Mienten aquellos que pretenden hacer ver que la baraúnda de los negocios les es un estorbo para los estudios liberales; simulan ocupaciones y las exageran y ellos mismos se traban en sus propios pies. Vaco, mi caro Lucilio, vaco, y dondequiera estoy, allí soy mío. No me entrego a las cosas, sino que solo me presto; no voy en pos de las ocasiones de perder tiempo y en cualquiera lugar me detuviere, allí sigo el hilo de mis pensamientos y rumio dentro de mí mismo algo saludable. Cuando me entrego a los amigos, no me sustraigo a mí mismo ni me detengo con aquellos con quien me juntó alguna circunstancia o algún deber de ciudadanía, sino que me quedo con los mejores de los hombres; hacia ellos, fuere cual fuere el lugar donde estuvieron, fuere cual fuere el siglo en que vivieron, proyecto mi alma. Siempre llevo conmigo a Demetrio, el mejor de los hombres, y dejando a los que visten púrpura, hablo con aquel hombre medio desnudo y le admiro. ¿Por qué no admirarle? Vi que no le faltaba nada. Uno puede menospreciar todas las cosas; nadie puede tenerlas todas. El camino más breve para las riquezas es el desdén de las riquezas. Y nuestro Demetrio vivió no como quien menosprecia todas las cosas, sino como quien cede su posesión a los otros. Ten salud.

Carta XC
Elogio de la filosofía

¿Quién puede dudar, mi querido Lucilio, que el vivir es un don de los dioses inmortales, y el vivir bien un fruto de la filosofía? Así que se tendría por cierto que estamos tanto más obligados con la filosofía que con los mismos dioses, cuanto que el beneficio de vivir bien es mayor que el de simplemente vivir si no fuese que la filosofía nos ha sido dada por los mismos dioses, cuyo conocimiento no dieron a nadie, pero sí la facultad de conseguirlo, que fue dada a todos. Pues si la hubiesen hecho dádiva corriente, naciendo todos sabios, la sabiduría perdiera lo que tiene de mejor, que es no ser contada entre los dones casuales. Por lo cual ella ahora tiene la cualidad inestimable y magnífica de que no la da la suerte, sino que cada uno tiene que agenciarla por sí mismo, sin poderla pedir prestada a otro. ¿Qué podrías admirar en la filosofía si fuese un beneficio gratuito? Su misión única es hallar la verdad en las cosas divinas y humanas. De ella nunca se apartan la religión, la piedad, la justicia y el restante cortejo de virtudes asidas entre sí y fraternalmente trabadas de manos. Esta nos enseñó el culto de los dioses, el amor de los hombres, que el imperio reside en los dioses y entre los hombres la solidaridad, la cual durante algún tiempo permaneció inviolada, antes que la avaricia despedazase la sociedad y fuese causa de pobreza aun para aquellos a quien hizo ricos sobremanera; puesto que dejaron de poseerlo todo, desde que quisieron tener cosas propias. Mas los primeros mortales, y quienes de ellos nacieron, seguían la naturaleza sin corrupción; en un mismo hombre personificaban al príncipe y la ley, confiados en el arbitrio del mejor. Es propio de la naturaleza someter los seres inferiores a los superiores. Los mudos animales son guiados o por los más corpulentos o por los más valerosos. No va a la delantera del ganado el toro que degeneró, sino el que venció a los otros machos en grandeza y músculos; el elefante más alto guía la manada de los elefantes; entre los hombres, el mayor es el mejor. Por la superioridad del espíritu era elegido el príncipe, de donde venía la suprema bienandanza de aquellos pueblos en los cuales no podía ser el más poderoso, sino el que era el mejor, pues con seguridad puede todo lo que quiere quien no cree poder más de lo que debe. En aquella edad, pues, que diz que fue de oro, opina Posidonio que el poder estaba en manos de los sabios. Estos contenían la violencia y defendían al débil del más fuerte, persuadían o disuadían y mostraban lo que era útil y lo que era inútil. Su previsión vigilaba porque no faltase nada a los suyos; su fortaleza alejaba los peligros, su beneficencia engrandecía y decoraba a sus súbditos. El mando era un deber, no una prebenda. Nadie ensayaba lo que podía contra aquellos de quienes había recibido el poder, ni tenía nadie motivo ni intención de dañar, porque a quien mandaba bien la obediencia era fácil y la mayor amenaza que un rey podía hacer a sus díscolos vasallos era la de resignar el reino. Pero, después que por infiltración de los vicios los reinos degeneraron en tiranías, empezaron las leyes a ser necesarias, que originariamente fueron dadas por los sabios. Solón, que estableció a Atenas en la equidad del derecho, fue uno de los siete sabios famosos. Si Licurgo hubiera nacido en aquella misma edad, un sabio octavo se hubiera allegado a aquel sagrado número: se alaban todavía las leyes de Zaleuco y de Carondas. Estos no en el foro ni en la escuela de los jurisconsultos, sino en aquel silencioso y venerable apartamiento de Pitágoras aprendieron las leyes que habían de dictar a Sicilia y a la Italia griega. Hasta aquí estoy de acuerdo con Posidonio; ahora, que fuesen inventadas por la filosofía las artes que utilizamos en nuestra vida ordinaria, no lo concederé ni atribuiré esta gloria a las artes manuales. «Ella —dice— enseñó a construir casas a los hombres que andaban dispersos y buscaban cobijo en las quiebras de las peñas o en lo hueco de los árboles». Mas yo no creo tampoco que la filosofía inventase este encaballamiento de techados encima de techados y de ciudades pesando encima de otras ciudades, no menos que inventase los viveros de peces mantenidos en clausura para que la gula no corriese el albur de las tempestades, y aun en el mayor embravecimiento del piélago tuviese el lujo sus puestos donde engordase piaras de peces de todas clases. ¿Qué dices? ¿Que la filosofía enseñó a los hombres a tener llaves y cerraduras? ¿Qué otra cosa hubiera sido eso sino dar muestras de avaricia? ¿Fue la filosofía quien suspendió estos techos con tan grave riesgo de sus moradores? Se tuvo por poca cosa eso de cobijarse al azar y dar con un refugio natural sin ningún arte ni dificultad. Créeme, aquella dichosa edad discurrió antes que hubiese arquitectos y que hubiese constructores. Nacieron estos cuando nació el lujo; él enseñó a cortar primorosamente los troncos de los árboles y a hacer correr la sierra encima de líneas ya marcadas con certera mano, «pues los hombres primeros a favor de cuñas desgarraban el hendible leño». Porque entonces aún no se construían salones para dar en ellos banquetes opíparos, ni para este fin el pino y el abeto se transportaban en largas hileras de carros, haciendo retemblar las calles, para colgar en lo alto de aquellos salones artesones pesados de oro. Dos horcas, una a cada parte, sostenían la cabaña; una enramada espesa de ramos y hojas sobrepuestas en declive hacía correr las lluvias por grandes que fuesen. Bajo estos techos habitaron, pero seguros; la paja abrigó hombres libres; bajo el mármol y el oro mora la esclavitud. Disiento también de Posidonio cuando dice que las herramientas de las artes mecánicas fueron inventadas por los sabios. De la misma manera pudiera decir que, debido a los sabios, «entonces se inventó cazar las fieras con lazos y engañoso cebo y cercar con canes las silvestres gándaras». Todo eso lo halló la sagacidad humana, no la sabiduría. Disiento también en que fuesen los sabios quienes descubrieron las minas de hierro y de cobre, cuando quemada la tierra por el incendio de los bosques hizo aflorar a la superficie las venas de los metales en fusión. Estas cosas las hallan quienes las tratan. Tampoco me parece tan intrincada como a Posidonio la cuestión acerca de cuál fue inventado primero, el martillo o la tenaza. Una y otra cosa halló algún espíritu práctico, agudo, no de mucha grandeza ni elevación; y, como esto, cualquier otro objeto que tenga que ser buscado con el cuerpo encorvado y el alma atenta al suelo. El sabio usaba de un mantenimiento fácil. ¿Cómo no, si aun en este siglo nuestro desea vivir con la máxima sobriedad? ¿Cómo, dime por favor, puede compaginarse la admiración por Diógenes y por Dédalo? ¿Cuál de los dos te parece el sabio: el que inventó la sierra o aquel que habiendo visto a un muchacho beber agua en el cuenco de la mano quebró inmediatamente la copa que se sacó de la alforja, con esta acre reprensión de sí mismo: «¿Cuánto tiempo, necio que soy, llevé trastos inútiles», y se arrolló dentro de una bota y durmió dentro de ella? ¿En nuestros días, tienes por más sabio quien halló la traza de hacer brotar a gran altura el agua de azafrán pasando por tubos disimulados, de llenar o vaciar momentáneamente las canales con agua comprimida, de adaptar a las salas de los festines artesonados móviles que renuevan sucesivamente su aspecto, hasta el punto que se cambia de techo a cada invitado que entra; o aquel otro que a sí mismo y a los otros demuestra que la naturaleza no nos impuso nada duro y difícil, que podemos prescindir del marmolista y del artesano, que podemos vestirnos sin necesidad del comercio de sedas, que podemos tener todo lo necesario para nuestros usos si nos contentáremos con lo que la tierra puso en su superficie? Si quisiera oírle el género humano, se persuadiría que le es tan superfluo el cocinero como el soldado. Sabios fueron, o al menos muy semejantes a los sabios, aquellos a quienes les preocupaba tan poco el cuidado del cuerpo. Las necesidades se satisfacen con poco cuidado; para las delicias hay trabajo y hay afán. No echarás de menos artistas si sigues a la naturaleza. Ella no quiso ponernos en aprieto; ella nos armó para todo aquello a que nos obligaba. «El frío es insoportable al cuerpo desnudo». ¿Y qué? ¿Acaso las pieles de las fieras y otros animales no pueden defendernos de él abastanza? ¿Por ventura no hay muchas razas que cubren sus carnes con cortezas de árboles? Las plumas de las aves no se tejen para con ellas hacer vestidos. Y, aun hoy en día, una gran parte de los escitas ¿no se abrigan con pieles de zorra y de ratas, que son blandas al tacto e impenetrables al viento? «Con todo, es menester repeler el calor del sol de estío con una sombra más espesa». ¿Y qué? ¿Por ventura la antigüedad no preparó escondrijos en forma de cavernas para guardarnos de las injurias del clima o para cualquiera otra ocurrencia? ¿No tejieron cañizos de junco y los embadurnaron de barro vil y cubrieron luego el techo de paja y de follaje silvestre y pasaron bien resguardados el invierno, mientras la lluvia iba corriendo por el techo inclinado? ¿Y los habitantes de las Sirtes no se recogen en cuevas, porque la furia del sol demasiado no les deja otro abrigo asaz compacto que la misma tierra, quemante y todo? No nos fue la naturaleza tan hostil que, habiendo dado a los otros animales medios fáciles de vida, solo el hombre no puede vivir sin tantos recursos y artificios. Ninguno de estos artificios nos fue por ella exigido; nada hemos de buscar a costa de lo que sea, para prolongar la vida. A nuestro alcance está todo lo que nos pertenece por derecho de nacimiento; pero nosotros nos lo hacemos todo difícil, hastiándonos de lo fácil. Techado, vestidos, remedios, alimentos y todo lo que ahora se nos han hecho grandes problemas eran cosas obvias y gratuitas o con liviano esfuerzo disponibles, pues la medida se acomodaba a la necesidad; nosotros, con nuestros exquisitos artificios, hemos hecho estas cosas preciosas, maravillosas, asequibles solo con grandes y repetidos esfuerzos. La naturaleza basta para lo que reclama. Se apartó de la naturaleza el lujo, y de día en día se excita más a sí mismo y crece de siglo en siglo y con su ingenio ayuda los vicios. Empezó a codiciar las cosas superfluas, luego las contrarias, y por fin sujetó y le mandó que estuviese al servicio de todos sus antojos. Todas estas artes que despiertan la ciudad o la asordan trabajan al servicio del cuerpo, a quien antes se le prestaba todo como a un esclavo y ahora se le adereza como a dueño. Por eso es que por un lado hay fábricas de tejidos, por otro obradores de artesanía; aquí destilerías de perfumes, allí academias donde se enseñan movimientos lascivos del cuerpo y canciones muelles y degeneradas. Muy lejos emigró aquella moderación natural que al deseo le pone por límite la necesidad; ya es indicio de rusticidad y de miseria contentarse con lo que basta. Es increíble, mi caro Lucilio, hasta qué punto el agrado de la palabra aparta al hombre de la verdad. Aquí tienes a Posidonio, que, a mi parecer, es uno de los que más han contribuido al progreso de la filosofía, el cual, cuando quiere describir cómo primeramente unos hilos están torcidos, cómo se recogen otros caídos y dispersos, cómo luego la pieza, mediante unos pesos colgantes, se extiende en una cadena recta, cómo la trama, introducida entre las dos partes de la cadena, cuya resistencia se debilita, se mezcla y se compenetra por la presión del peine; atribuye también a los sabios la invención del arte textil, olvidando que después se halló un sistema más ingenioso en la cual «la tela se sujeta a un yugo; la trama es partida por la lanzadera e introducida por medio de unas púas agudas y los dientes de un ancho peine la peinan». ¿Qué diría si hubiera alcanzado las telas de nuestro tiempo con que se confeccionan unos vestidos que no recatan nada, que no dan ningún auxilio al cuerpo, pero ni aun al pudor? Pasa después a los agricultores, y con no menos facundia describe la tierra lacerada por el arado una y dos veces para que a través de la tierra mullida pasen mejor las raíces; luego la semilla esparcida al voleo y las hierbas arrancadas a mano, a fin de que ninguna planta casual y agreste crezca y perjudique la sementera. También dice que esta es labor de los sabios, como si los labradores de hoy día no hallasen también nuevos medios para intensificar la fertilidad de la tierra. Luego, después de haberles atribuido estas artes, rebaja al sabio a la altura del tahonero, puesto que refiere cómo remedando a la naturaleza, comenzó a elaborar el pan. «La dureza de los dientes —dice—, encajando unos con otros, quebranta el fruto introducido en la boca, y todo lo que se escapa de los dientes se lo devuelve la lengua; entonces se empapa con la saliva para que más fácilmente pase por la garganta resbaladiza. Cuando llegó al estómago es cocido por su calor uniforme, y, por fin, queda asimilado en el cuerpo. Siguiendo este precedente, alguien colocó una piedra desbastada encima de otra, a semejanza de las mandíbulas; de las cuales la una, inmóvil, espera el movimiento de la otra; luego, bajo la presión de ambas, los granos se van triturando y muchas veces vueltos a las muelas, hasta que esta molienda repetida le convierte en polvo. Entonces roció la harina con agua, y, a fuerza de heñirla, le obliga a tomar la forma de pan, el cual, después que fue cocido con ceniza caliente y con un ladrillo ardiente, luego al horno y por otros medios que el hombre fue hallando sucesivamente porque el calor se acomodase a nuestra voluntad». No faltó mucho para que afirmase que a los sabios se debe el hallazgo del arte de la zapatería. Todos estos menesteres los halló ciertamente la razón, pero no la recta razón. Invenciones son del hombre, no del sabio, a fe mía, no de otra manera que los bateles que utilizamos para vadear los ríos y los mares, armados de velas para recibir el impulso del viento, de gobernalles colocados a su popa, que tuercen en un sentido u otro su derrota. El modelo se tomó de los peces, que se gobiernan por su cola, y con su blando movimiento hacia un lado u otro determinan su velocidad. «Todas estas cosas —dice— las halló el sabio, pero, siendo demasiado pequeñas para tratarlas él, las traspasó a más groseros artesanos». Pero soy yo quien digo que estas invenciones fueron halladas por los mismos que ahora las practican. De algunas sabemos que nacieron en tiempos que recordamos, como el uso de los cristales que transmiten la luz a través de una masa transparente, como las estufas de los baños y el de los tubos aplicados a la pared, que hacen circular el calor a fin de que caliente de un modo uniforme las piezas altas y las bajas. ¿Qué decir de los mármoles con que relumbran templos y palacios?

¿Qué de esas masas de piedra, redondeadas y pulidas, sobre las cuales hemos asentado pórticos y techos capaces de contener a todo un pueblo? ¿Qué de la grafía de los vocablos, mediante la cual, por más atropelladamente que el discurso se pronuncie, la mano anda al par de la celeridad de la lengua? Inventos son esos de esclavos los más viles. Más arriba tiene la sabiduría su morada; y es maestra, no de las manos, sino de las almas. ¿Quieres saber lo que ella descubrió; lo que ella produjo? No los graciosos meneos del cuerpo ni la variedad de sones a través de la trompeta y de la flauta, que recibiendo el aliento humano, a la entrada o a la salida, lo articula en voz. No las armas ni las murallas ni los instrumentos de guerra. Es autora de paz y llama al linaje humano a la concordia. No es artesana, vuelvo a decir, de herramientas necesarias a nuestros usos ordinarios. ¿Por qué le asignas tan menguada misión? Contempla en ella la autora de la vida. Tiene ciertamente debajo de su señorío las artes todas; pues, ya que le sirve la vida, le sirve asimismo todo lo que la adorna y adereza. Además de esto, se encamina a la bienaventuranza; allá conduce; hacia allá abre sendas y veredas. Ella enseña qué cosas son males y cuáles solo lo aparentan; ella despoja de vanidad las almas; ella da sólida grandeza; ella reprime la huera y la que es vistosa de puro vacía; ella no deja ignorar en qué se diferencia la grandeza de la hinchazón y nos da el conocimiento de toda la naturaleza y de ella misma. Ella declara quiénes son los dioses y cuál es su naturaleza, qué es el mundo soterraño, qué son los lares y los genios, cuál es la condición de las almas inmortales que tienen el segundo lugar después de los dioses, en dónde moran, en qué se ocupan, qué pueden, qué quieren. Estas son sus iniciaciones, por las cuales nos abre un templo, no un templo cualquiera en una ciudad cualquiera, sino el templo del mundo, el templo magnificente de todos los dioses, cuyas verdaderas imágenes, cuyas representaciones verdaderas mostró a los ojos de nuestras almas; pues para tan grandes espectáculos es boto el ojo corporal. De aquí vuelve a los principios de las cosas, a la razón eterna incorporada en el todo y a la virtud seminal que da a cada cosa la forma propia. Entonces comienza sus disquisiciones en torno del alma, de su origen, de su sede, de su duración, del número de partes en que se divide. Luego, de lo incorpóreo pasa a lo corpóreo y examina su verdad y sopesa sus argumentos; y, hecho esto, estudia cómo se esclarecen los problemas de la vida y de la palabra, pues en una y otra lo falso anda mezclado con lo verdadero. No se sustrajo, torno a decir, aunque así le parezca a Posidonio, el sabio de aquellas artes materiales, pero ni siquiera los saludó. No pensara que valiese la pena de ser inventado lo que no creía que había de merecer un uso perpetuo. No tomara cosas que debieran dejarse. «Anacarsis —dice— inventó el torno del alfarero, que, dando vueltas, contornea las vasijas». Después, como sea que en Homero se halla el torno del alfarero, prefirió creer apócrifos los versos de Homero que falsa la fábula. Mas yo no pretendo que Anacarsis fuese el inventor de ese utensilio, y, si lo fue, invención fue de un sabio ciertamente pero no en tanto que sabio, de la misma manera que los sabios hacen muchas cosas, no como sabios, sino como hombres. Imagina que un sabio es un corredor velocísimo; se adelantará a todos en la carrera, en cuanto es ligero, pero no en cuanto es sabio. Desearía enseñar a Posidonio algún vidriero dando con su soplo al vidrio muchísimas formas que difícilmente modelaría la mano más hábil. Estas cosas fueron inventadas después que dejamos de hallar la sabiduría. «Dícese que Demócrito inventó las bóvedas de piedra que se encorvan en forma de arco suavemente inclinado y sostenido por una piedra central». Yo me atrevo a decir que esto es falso. Forzosamente antes de Demócrito existieron puentes y piedras que generalmente en su parte superior están encorvados. Se os ha caído de la memoria que el mismo Demócrito halló la traza de ablandar el marfil y de convertir, mediante la cocción, las piedras en esmeraldas, procedimiento por el cual, aun hoy día, se coloran determinadas piedras adecuadas a esta operación. Estos hallazgos, aun cuando los hiciera un sabio, no los hizo como sabio; pues él hace muchas cosas que vemos hacer aún a los más ignorantes tan bien como él, y a veces con más pericia y práctica que él. ¿Me preguntas qué investigó el sabio, qué ha sacado a luz? Primeramente la verdad y la naturaleza que él no contempló, como los otros animales, con los ojos tardos para las cosas divinas; luego, la ley de la vida que él aplicó a todas las cosas; y nos enseñó no solo el conocimiento de los dioses, sino también su imitación y a aceptar los azares como mandamientos. Él nos prohibió que diésemos crédito a las opiniones falsas y sopesó el precio de cada cosa a tenor de su valoración justa; él anatematizó los deleites mezclados con remordimientos; él recomendó los bienes que siempre han de contentar y demostró cómo el hombre más feliz es aquel que no necesita la felicidad, y el más poderoso el que es señor de sí mismo. No hablo de aquella filosofía que sacó al ciudadano de su patria y sacó del mundo a los dioses, que hace del placer un premio de la virtud, sino de aquella que reputa la honestidad como bien exclusivo y único, que no se deja ablandar por los presentes ni del hombre ni de la fortuna; de aquella cuyo precio es no poder ser adquirida por ningún precio. Yo no creo que esta filosofía existiese en aquel siglo rudo en que todavía las artes no habían hecho su aparición y el uso mismo descubría las cosas útiles. Empero yo creo que vino en pos de aquella edad afortunada en que los beneficios de la naturaleza yacían en medio, como quien dice, al alcance de la mano; antes de que la avaricia y el lujo disociasen a los mortales y los asociasen para abalanzarse a la rapiña. No eran sabios aquellos hombres por más que hiciesen cosas que dicen bien al sabio. No es posible estado mejor que aquel para el género humano, ni aun cuando Dios permitiera reformar las cosas humanas y establecer las costumbres de las naciones; ni ningún sabio escogería otro más que el que se recuerda haber sido de aquellos hombres en cuyos días «colono alguno no mullía el campo ni era cosa lícita señalar en él lindes ni cotos, era común su goce; y la tierra misma cortés lo daba todo y producía el fruto que nadie le pedía». ¿Qué más feliz que aquella generación humana? Fruían en común de los bienes de la naturaleza; ella, como madre, tenía para todos y era la defensora de todos; esta era la más segura posesión de las riquezas públicas. ¿Por qué no he de llamar yo humanidad más rica la de aquel tiempo, en que no pudieras hallar a un pobre? En esta venturosa situación irrumpió la avaricia, que, queriendo separar alguna parte y apropiársela, todo lo enajenó, y de la opulencia se redujo a la estrechez. La avaricia introdujo la pobreza, y, codiciando mucho, lo perdió todo. Por eso, aun cuando se afane por cobrar lo perdido, aun cuando a su campo añada más campo, alejando al vecino con dineros o con injusticias; aunque dilate sus fincas dándoles anchura de provincias y dé el nombre de posesión a un largo viaje a través de tierras suyas, ninguna ampliación de nuestros lindes nos devolverá a la situación de que nos hemos alejado. Después de haber hecho lo posible y lo imaginable, tendremos muchas cosas; antes las teníamos todas. La misma tierra era más fértil no cultivada, generosa para con las necesidades de los pueblos que no se arrebataban los frutos unos a otros. No era menor deleite hallar lo que la naturaleza había producido como mostrar el hallazgo a otro. Así ni podía sobrar ni faltar a nadie, pues se lo repartían sin envidia y sin querella. Todavía el más poderoso no había echado mano del más débil; todavía el avaro, escondiendo lo que le sobraba, no había privado a los otros de lo que habían de menester; igual era el cuidado propio y el ajeno. Estaban en paz las armas; y las manos incruentas de sangre humana habían vuelto su odio contra las fieras. Aquellos a quien una selva densa había protegido del sol; aquellos que contra la sevicia del invierno o de la ventisca vivían seguros bajo un techado de hojas en una cabaña vil, pasaban las noches sin congoja, apaciblemente. En cambio, a nosotros las cuitas nos hacen dar vueltas en la púrpura y nos trae traspuestos y desvelados con sus recios aguijones. ¡Y qué blando sueño les daba a ellos la tierra dura! No tenían encima artesones labrados prolijamente, sino que, durmiendo al cielo abierto, resbalaban las estrellas con callado pie y el cielo seguía su camino guiando en silencio tanta maravilla, magnífico espectáculo de las noches. Así de día como de noche estaba para ellos abierta la contemplación de esta hermosísima morada y holgaban de ver el descenso de unas constelaciones desde lo más alto del cielo, mientras otras ascendían de un horizonte misterioso. ¿Y cómo no complacerse discurriendo entre tantas y tan espaciosas maravillas? Y vosotros, en cambio, os empavorecéis al menor ruido de vuestros techos, y si algo crujió, atónitos de miedo, huis corriendo en medio de vuestras pinturas. No tenían ellos palacios tamaños como ciudades. El aura respirando mansamente, libre bajo el cielo abierto, y la delgada sombra de una peña o de un árbol, las transparentes fuentes frías y los arroyos no esclavizados por mano de hombre ni por conducciones ni por camino alguno obligado, sino rodando a placer, y los prados hermosos sin afeite; y, en medio de todo ello, una estancia agreste aderezada por una mano rústica: esto era una vivienda según la naturaleza, en la cual era una delicia habitar, sin temerla a ella ni temer por ella; ahora una gran parte de nuestros temores nos son causados por nuestras casas. Mas, aun cuando fuese noble su vida y sin engaño, con todo no fueron sabios, pues este título está reservado para la obra perfecta. No obstante, no negaré que fueron hombres de espíritu generoso y, por decirlo así, recién salidos de las manos de los dioses. No es dudoso que el mundo, aún no cansado, producía seres mejores. Así como la disposición de cada cual fue más recia y más preparada para los trabajos; por lo mismo no tenían todos el talento consumado. La naturaleza no da la virtud; hacerse bueno es obra de arte.

No buscaban ellos oro, ni plata, ni piedras lucientes en las fangosas entrañas de la tierra; y aún perdonaban la vida de los mudos animales; tan lejos estaban de que un hombre matase a otro hombre sin enojo, sin miedo, solo por el espectáculo. No se teñía aún su vestido; todavía el oro no se hilaba, ni siquiera se extraía de la rica vena. ¿Pues y qué? Eran inocentes por ignorancia; y va mucha diferencia entre que uno no quiera pecar o no sepa pecar. Les faltaba la justicia, les faltaba la prudencia; les faltaban la templanza y la fortaleza. Algunos lejos y barruntos de estas virtudes tenía aquella vida elemental; mas la auténtica virtud solo adviene a un alma instruida y adoctrinada y conducida a la perfección por una práctica constante. Para esto nacemos sin duda, pero sin esto; y aún en los mejor dotados, antes de que les enseñes, existe la materia de la virtud, pero no la virtud misma. Ten salud.